爭氣勝過賭氣

活出自我的66條黃金法則

唐心◎著

編輯序

愚蠢的人只會賭氣，聰明的人卻懂得爭氣。本書就是這樣一本關於如何將賭氣化為爭氣的心靈勵志寶典。

在書中，作者詳細闡述了一個人成功應該具備的特質，並教會你如何透過不賭氣來消除怨氣，用不生氣帶來福氣，以不喪氣喚醒朝氣，拿勇氣迎接運氣，把人氣化為底氣，最後用志氣為自己爭氣。當你將自己所有的「氣」都調理好了，成功自然也就離你不遠了。

同時，本書透過一個個精闢生動的故事，將艱澀的成功學知識變得通俗易懂，讓你在茶餘飯後就能輕鬆愉悅地獲取人生成功的真諦。當然，能否透過閱讀本書達到你心目中的成功，書中也許不會有答案，但是它一定能讓你遠離賭氣，學會用爭氣來成就自己。至於你的成功是什麼樣子的，一切當然由你自己說了算！

序言

很多時候，我們都認為這個世界是不公平的，總覺得別人擁有的比我們多，別人的人生比我們順利，別人所有的一切都比我們好。尤其是在我們遭受了一連串的打擊和不幸之後，心裡的不滿就會更加強烈，所有的怨氣、怒氣、火氣都會跟著跑出來。於是，我們便開始和命運無休止地嘔氣、賭氣、鬥氣，以為只要不原諒它、跟它作對，它就能注意到我們。這種幼稚的想法當然會害苦了我們，讓我們在失去了青春年華和大好時光之後，在屢戰屢敗中，連最後的勇氣和骨氣都失去了。我們變得垂頭喪氣、奄奄一息，陷入生活的泥淖裡無法自拔，最終只能被命運無情地拋棄。

之所以會有這樣的結果，是因為我們一開始就把鬥爭的矛頭指錯了方向，把力氣用錯了地方，所以根本不可能得到任何回報。面對生活的劫難和命運的不公，我們所應該秉持的是一種接受、順應，並爭取的態度，而不是把時間和精力浪費在毫無意義的賭氣和生氣上。我們要做的是直接面對生活，有骨氣、有志氣、有勇氣，採取積極的態度來解決問題，唯有這樣我們的人生才能朝著正面的方向發展。

其實，上天歸根到底還是公平的，即使含著金湯匙出生的人，不也一樣要經歷生老病死，嚐盡人間的酸甜苦辣嗎？我們既然沒有辦法擁有別人的智慧、財富和運氣，至少我們可以為提高自己的能力做些事情。既然「沒有人仰慕，那我就繼續忙碌」，辛勤的汗水總有一天會澆灌出屬於自己的幸福花朵。我們的人生終究是我們自己的，完全沒有必要去羨慕別人所擁有的，活出自我才是你這輩子要完成的終極目標。關於未來，我們的任務還很重，哪裡還有時間將精力浪費在毫無意義的賭氣上呢？

目錄

第三章　不喪氣才能有朝氣

目錄

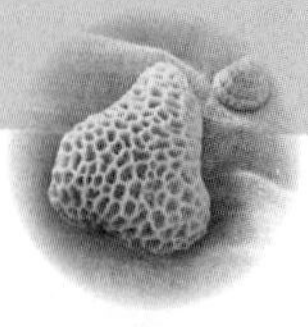

第四章　有勇氣才能有運氣

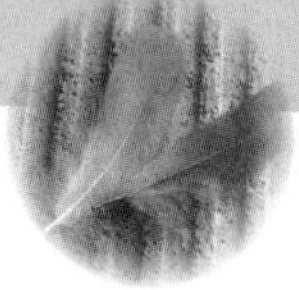

第五章　有人氣才能有底氣

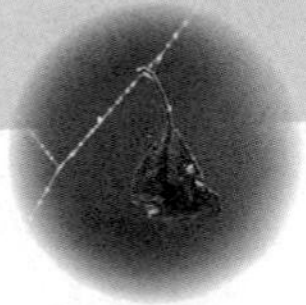

第六章　有志氣才能爭口氣

Chapter 1

不賭氣才能無怨氣

我們常常因為得不到自己想要的東西而賭氣，我們跟別人賭氣、跟自己賭氣、跟現實賭氣、跟命運賭氣，賭氣的結果是我們得罪了包括自己在內的所有人。

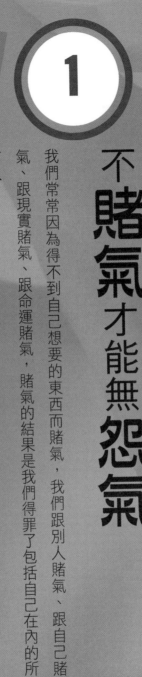

法則1．你無法選擇出身，但可以選擇人生

出身是父母給的，但人生是自己選的。對於出身我們無從選擇，但對於人生我們每個人都有自己的發言權。含著金湯匙出生是一種令人羨慕的幸運，打造自己的金湯匙卻是一種令人敬佩的能力。別跟自己的出身賭氣，相信自己是有能力的人，你就能改變自己的命運。

我們常常會有「同人不同命」的感慨，為什麼同樣是人，有的人一出生就比自己擁有的東西多？為什麼有的人不用努力，就可以衣食無憂，就可以接受良好的教育，就可以輕輕鬆鬆擁有自己費九牛二虎之力也未必能得到的東西？在人生的起跑點上就輸了人家一大截，我們的人生道路豈不是越落越遠？每每想到這裡，我們不免灰心喪氣，感嘆老天偏心，抱怨造化弄人。

也許命運的確有些不公平，但是如果你一直這樣抱怨下去，那麼命運真的就會把不公平進行到底，跟命運賭氣的人最終也只有被命運捉弄的份。與其賭氣，不如把自己「較真」的力氣用在另一個地方，不去理睬命運中令你不滿的那些東西，全心全意去創造令自己滿意的人生。你要知道，無論我們的出身是富貴還是貧窮，是聰敏還是愚鈍，我們每個人都有自己存在的理由和價值，我們是這個世界上唯一僅存的一部分，任何人都無法取代。

人生是可以改變的，只要你付出努力。

有一個黑人男孩因為家庭貧寒而深感自卑，他的父親是一名常年奔波於大西洋各個港口的水手。為了改變他的想法，父親利用工作之便帶他去參觀了梵谷的故居。

在那裡，男孩看到的是粗糙的小木床和已經破得裂了口的皮鞋，這讓他覺得不可思議，因為梵谷的一幅畫就能賣上千萬美元。於是，男孩困惑地問自己的父親：「梵谷的畫那麼值錢，難道他不是大富翁嗎？」

「孩子你錯了，梵谷曾經是一個連老婆都娶不了的窮人。」父親淡然地回答。

接著，父親又帶男孩去了丹麥，在寫下了無數美麗童話的安徒生故居前，男孩更加不解了，那是一棟再普通不過的破舊小屋：「爸爸，安徒生應該生活在金碧輝煌的宮殿裡，就像他在童話中寫的那樣。」

父親笑著答道：「安徒生的父親是一個窮鞋匠，他小時候一家人就住在這棟小閣樓裡。」

許多年之後，這個男孩成了美國歷史上第一位榮獲普立茲新聞獎的黑人記者，他的名字叫做伊爾．布拉格。在回憶起活在自卑裡的童年時光時，他動情地說：「小時候我家非常窮，父母都靠出賣苦力為生。在很長一段時間裡，我一直覺得像我這樣的黑人，地位卑微又家境貧寒，一定不會有什麼出息的。這種想法讓我覺得自己的世界是灰色的，人生也毫無希望可言。幸好，我的父親帶我認識了梵谷和安徒生，面對這兩位偉大的藝術家，我告訴自己，人能否成功與出身毫無關係。」

是的，出身也許會影響人生，但並不能決定人生。每個人都有成功的可能，因為成功從來都不會區分出身高低。我們沒有選擇出身的權利，但是我們有選擇走什麼樣的道路，讓自己的人生更有價值的權利。無論我們的出身多麼卑微，都同樣可以實現非凡的夢想，成就輝煌的人生。有時候，卑微的出身不僅不能說明任何問題，相反地它還會培養我們百折不撓的精神，讓我們實現理想和抱負的願望更強烈，並且能為我們帶來更多的激勵和勇氣。

林肯是一個鞋匠的兒子，他以卑微的身分當選為美國總統，讓那些出身名門的參議員覺得非常不自在，「高貴」的他們怎麼可以讓一個出身卑微的人來領導呢？就在林肯的就職演講上，一個出身上流社會，自認身分高貴的參議員當眾羞辱起這位剛剛當選的總統，他態度十分傲慢地對林肯說：「總統先生，在你發表演講之前，我希望你記得自己是一個鞋匠的兒子。」此語一出，台下的參議員們一片譁然，哄堂大笑之後大家開始議論紛紛。

當眾人以為林肯遭此羞辱之後會怒不可遏時，這位新任的總統只是微笑了一下，然後平靜而又嚴肅地說：「非常感謝您讓我想起了自己的父親，雖然他已經去世了。您的忠告我會永遠記住——林肯是鞋匠的兒子！它會時刻提醒我，我做總統永遠沒有辦法像我父親做鞋匠那樣出色。」

接著，林肯轉頭對那個羞辱自己的參議員說：「據我所知，我的父親生前也為您的家人做過鞋。雖然我不是一個成功的鞋匠，但是如果您的鞋穿著不合腳，我可以幫您修理，也許我永遠沒有辦法像我父親那樣成為一個技藝高超的偉大鞋匠，但是從他那裡我還是學到了一些能夠應付簡單問題的技術。」林肯話音剛落，台下就響起了熱烈的掌聲，人們開始從心裡欽佩起自己的總統，因為他並沒有忘本，而且引以為豪。

林肯並沒有因為擁有了無上的權力而忘記過去並以新貴自居，相反，因為出身的卑微更能讓他切身地體察民情，並且為民眾和國家的利益而努力。他用自己身體力行的敬業精神贏得了全體美國人民的敬重，成為美國歷史上最偉大的總統之一。

我們任何人都沒有必要因為出身的卑微而輕視自己，每個人都有自己的人生價值，正如唐代詩人李太白所說「天生我材必有用」，像林肯那樣，有時候出身反而讓我們能做更多的事情。

世界如此大，總有我們發光發熱的地方。因此，無論我們此時有多麼失意和多麼落魄，也不管我們的出身有多麼貧賤和多麼卑微，我們都沒有必要跟命運賭氣。因為你沒有那個時間來計較出身這個最不能產生價值的行為。如果你想改變人生，你要做的事情還多著呢！

法則2・過高的期望值不利於自身的發展

有時候，我們常常高估自己，給自己訂下了許多過高的目標，以為有高目標才會有大成就，其實這是錯的。期望值過高，壓力必然也大，經過努力仍實現不了預定目標，便容易心灰意冷，情緒低落。

對於未來懷有希望是好事，因為在未來每個人都有成功的可能。但是我們必須知道，並不是每一種成功都與我們「有緣」。基於個人能力大小的不同，我們的理想應該是適合自己的，因為目標過高或者過低都不利於理想的實現。目標過低沒有動力，過高又沒有能力完成。一旦完成不了，就會讓我們之前好不容易建立起來的自信心遭受打擊，進而灰心喪氣，失去繼續向前的動力。

心理學家曾列出一個公式：快樂指數＝實際實現值÷內心期望值。這說明，期望值越高，得到的快樂就越少；反之，快樂就會多一些。

我們不妨對自己的過往仔細想一想，為什麼我們到現在還沒有取得一點點令自己驕傲的成績呢？尤其是當我們覺得自己已經很努力的時候。有一種可能就是我們太高估自己了，把目標訂的過高，以致於自己能力不足，無法完成。

一個英國人和一個猶太人，他們懷著成功的願望，一起去尋找適合自己的工作。一天，他們走在路上，同時看到地上有一枚硬幣。清高的英國青年眼睛眨也不眨就走了過去，而猶太青年卻無比激動地將它撿起來放進了自己的口袋。

猶太青年的行為讓英國青年大為鄙視：「一枚硬幣也要去撿，真是沒出息！」而猶太青年的想法卻與之相反，他看著英國青年遠去的背影不無感慨地說：「錢在眼前都不懂得抓住，讓財富白白從身邊溜走，真是沒出息！」

後來，兩人同時進了一家小公司，工作非常累，薪水又不多。英國青年見此，不屑一顧地轉身走了，而猶太青年則開心地留下來努力地工作。

兩年之後，兩人在街上相遇，英國青年還在尋找工作，而猶太青年已當了老闆。英國青年對此百思不得其解：「你這麼沒出息，怎麼能這麼快就發財了呢？」

猶太青年答道：「那是因為我珍惜眼前的每一分錢，而你只會紳士般地從硬幣上走過，你這樣又怎麼會成功呢？」

任何一種成功都像累積錢幣一樣，是一點一滴慢慢累積起來的。很多人之所以不成功，是因為他們只看到了美好的理想，並且事先把自己擺在了那個既定的高度上。

這樣做的結果就是，你沒有辦法屈尊降貴再彎下腰去揀那枚可以給自己帶來成功和財富的「硬幣」。

這樣的人往往對自身的期望值過高，但執行力又十分有限，令人擔憂的是，他們一旦達不到自己所期望的那個高度，就非常容易自暴自棄，最後毀了自己的人生。

在世界聞名的微軟公司裡曾經有這樣一名員工，他對自己的期望值非常高，認為自己在這樣一個世界級的頂尖公司一定會有一番大作為，然而事情的結果卻完全不是他想的那樣。

能進入世界頂尖的軟體公司，這名員工顯然是具備一定的能力。不過他有一個非常大的缺點，就是自視甚高，並經常喜歡自吹自擂。

他對自己現在的職位十分不滿，常常抱怨主管是一個不懂得辨別和重用人才的人。於是，他離開了原來的工作組，希望在微軟的其他工作組找到更高的職位，受到應有的尊重。

就這樣，他在公司內部換來換去，最終也沒有一項工作是適合自己的。而他的自視甚高和目中無人也讓公司的同事對他很惱火，因為他不把別人放在眼裡，而且完全不懂得與人合作，最後不僅自認為的才能沒有發揮，還被同事拉進了「黑名單」。

這名自視甚高的員工在屢受打擊後，失去了原有的自信和熱情，最後沮喪地離開了公司。

我們經常把「人貴有自知之明」掛在嘴邊，但是卻又做著與之相反的事情。不可否認，每個人都有自己的人生價值，但是這種價值的實現是以現實為依據的，如果把自己擺的太高，最終可能什麼都得不到。

在工作和生活中，對自己期望值過高的人往往容易浮躁、冒進，不善於和他人合作，在事業遭到挫折時心理落差很大，難以平靜地對待客觀事實，進而失去獲得成功的機會。

所以，我們若想取得成功，就應該對自己的素質、潛能、特長、缺陷、經驗等各種成功的基本要素有一個清醒的認識，只有這樣才能對自己在現實生活中扮演的角色有一個明確的心理定位。

只有定位準確了，我們才能更加快速和準確地完成目標，才能離成功更近。

法則3．人無完人，別把自己困在完美裡

「我要把事情全部做完，現在就做，而且要把它做對、做好為止。」——這是典型的完美主義論調。我們當然應該努力把事情做到最好，但是人永遠無法做到完美。人生的變數如此的多，沒有人會從不犯錯。所以，我們不能要求自己做一個完人，因為完美主義會讓人吹毛求疵，會產生嚴重的挫敗感，而且完美的人也根本不存在。

普拉托里尼說過：「即使在一粒最好看的葡萄上面，你也會發現幾個斑點。」所以，不管是人還是事，在這個世界上都不可能是完美的，而追求完美的結果也許只能是失望而已。

一個男人到一家婚姻介紹所希望找自己的另一半，結果面對他的只是兩扇門，一扇上面寫的是「美麗的」，另一扇上面寫的是「不太美麗的」。男人不由地推開了「美麗的」那扇門，進去之後迎面而來的又是兩扇門，一扇上面寫的是「年輕的」，另一扇上面寫的是「不太年輕的」。男人毫不猶豫選擇了「年輕的」那扇門，結果迎接他的還是兩扇門，一扇上面寫的是「有錢的」，另一扇上面寫的是「不太有錢的」……如此一路選下去，男人前前後後推開了九道門。當

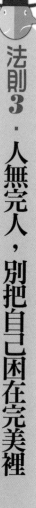

他推開最後一道門的時候，上面寫的卻是：「您所追求的過於完美，請到天上去尋找吧！」

這是一個笑話，但是卻反映了一個真理：過分追求完美只能以失望收場。苛求人或事的完美其實是在跟自己賭氣，因為這個世界上並不存在完美的事物。一個過分追求完美的人，在某種意義上是一個十分可憐的人，他可能永遠無法去體會有所追求和有所希望的感受，也永遠無法體會收穫的喜悅。因為他所追求的不僅僅是好，而是超越別人和受人矚目的好。他們對一切不完美的事情吹毛求疵，根本無法享受過程和體會快樂。

安妮是一個絕對的完美主義者，凡是她經手的事情每一件都必須做到不差分毫才放心。但是在別人看來，她所做的工作卻很少是成功的。

她就像得了強迫症一樣，一份簡單的報告要斟酌好幾個小時才能提交，浪費精力不說，還經常誤事；在她發表看法時，為了讓每個人都明白自己在說什麼，她會圍繞題目說個沒完，自己說得口乾舌燥，聽眾也跟著受累；為了保持房間的整潔，她的家裡從來都不歡迎不速之客；舉辦宴會時，她會將所有的細節全部事先安排妥當，每一個環節都要完美無缺，哪怕一點小小的意外都不允許出現……

這個女人對工作和生活可謂是煞費苦心，可是在別人看來，這種近乎機械式的完美一點都不美，因為它是以付出歡樂、自然和溫暖為代價的，而換來的結果卻是乏味至極、無聊透頂。

對生活的每一個環節都安排好，而且必須要求自己按部就班地去完成的完美主義者，其生活是毫無樂趣可言的，因為他們忽視了生活中因為意外和不確定所帶來的驚喜和刺激。完美主義者無法容忍自己的生活出現差錯和意外，任何紕漏或意料之外的事情都會讓他們惶恐不安，做錯任何一個環節都會讓他們痛恨自己。

除了害怕做錯事情影響別人對自己的看法，不被別人喜歡之外，很多時候，完美主義者想把事情做好是害怕承受不能做好所帶來的損失。

巴頓想要學習投資，好為將來做更好的計畫。為了獲得一個完美的投資，他讀了很多的書，瀏覽各種經濟和投資類的網頁，並且還關注時事新聞，在報紙上尋找各種相關的資訊並且記錄下來……在他研究投資的這段期間，他學到了非常多的知識，完全具備了做為一個投資者的基本條件。但是他卻遲遲沒有將這些學來的知識用於實踐，因為他害怕市場有波動，那些起起落落的數字令他感到不安。他總希望能夠找到一個沒有失敗之虞的方法，為此他付出了巨大的努力，花費了大量的時間和精力。

可是，無論他如何計算都沒有辦法得出一個百分之百沒有差錯的結果，因為股市的不確定性太多了，不可能完全被預測和掌握。所以，好幾年過去之後，巴頓仍然沒有做任何投資，因為他還在等那個可以完全有把握的機會。

巴頓從來沒想過，如果他當初用自己的常識，並且願意承擔一些不完美的風險，他現在已經要比還在思考完美投資的那個時候更有錢了。

瑞格勒說：「如果你要等到所有的交通信號都變成綠燈才要出城，那麼你永遠都沒辦法離開。」凡事必須完美無瑕，不完美的事就不去做——這種想法是可怕的，因為一定要知道所有答案、讓所有的事情都在自己的掌控之下，那就一定會拖延我們下決心的時間，錯過那些讓自己卓越的機會。

因此，無論是對待自己還是對待別人，或者是對待任何事情，都不要太過嚴厲和苛刻。「完美」是一個牢籠，它會將你的思想、才華和創意禁錮住，讓你沒有辦法向前邁出探索的腳步。試想，如果你不往前走，又怎麼可能到達目的地呢？

法則4．別人的東西未必就是好的

人類最大的悲哀在於：我們永遠在看著別人，羨慕別人，而對自己已經擁有的東西卻不那麼在意，更不知道如何珍惜。

很多人都不知道自己有多麼的富有，因為他們的眼睛總是盯著別處。人的眼睛其實有兩種功能：一種功能是向外看別人，另一種則是向內看自己。但是由於眼睛的位置是固定的，我們習慣了向外看，卻無法審視自己。

我們看到的是別人擁有的，並且覺得別人的東西都是好的。這似乎成了人們的一種怪癖，因為得不到就覺得是最好的，好像別人的糖都比自己的甜。其實我們不知道，當我們在羨慕別人的時候，別人也可能在羨慕我們呢。

雅靜拉著老公去逛百貨公司，剛好遇到那裡正在辦活動，一些名牌的女裝正被擺在一起做特價促銷。這種做法顯然吸引了很多追求名牌又嫌貴的女士，於是一堆女人擠在熱賣專區爭著挑選心愛的衣服。

雅靜當然也不例外，她放開老公便衝了進去，但是促銷的衣服款式太多了，她遲遲拿不定主意要買哪一件，便不時舉起衣服大聲問老公：「喂！你看這件怎麼樣啊？」很顯然，她希望能從自己的老公那裡得到答案。

當雅靜又拿起一件衣服向老公詢問時，發現對面有一位小姐手裡拿著的一件上衣比自己手中的這件更漂亮，無論是款式還是顏色都非常好。於是她開始盯著對面小姐手裡的衣服默唸：「放下，快點把它放下……」

說來也奇怪，雅靜的默唸居然奏效了，念著念著，對面的那位小姐還真的將手中的衣服放下了。雅靜手疾眼快，立刻放下自己手中的衣服去搶那件看上去更漂亮的，而且成功得手。

付完錢之後，雅靜的心情非常好，她對自己的老公說：「今天運氣可真好，這件衣服差一點就被剛才的那位小姐給搶去了。」

她的老公聽後揚了揚眉毛笑道：「的確如此！不過我想那位小姐心裡想的肯定和妳一樣，妳瞧，她現在正開心地抓著妳原先拿的那一件不放呢！」

這個故事也許看起來很可笑，然而我們卻不能否認它的真實性。在現實生活中，我們不是常常都在盯著別人手裡的那件「衣服」不放嗎？我們總是覺得別人的那件「衣服」比我們的這件要好，然後千方百計想得到它，卻從來沒想過我們自己所擁有的這件「衣服」其實已經被別人眼紅了好久。

對於擁有的東西人們往往不滿足，因為我們總是看到別人手裡有我們還沒有的東西。當然，不滿足並不一定是壞事——如果它能夠成為你進取的動力的話。如果能得到自己想要的那個東西也沒什麼不好，至少我們的目的達到了。不過，有時候事情也許完全出乎我們的意料之外，別人手裡的糖未必比我們的甜，有時我們所羨慕的那些東西不僅不好，也許還可能讓我們處於危險之中。

一天，一個年輕人要到另一個村莊去辦一些事。這個村莊和自己的村莊之間隔著一座大山，而且據說山上有老虎出沒。

在出發之前，家人叮囑他說：「要是途中遇到老虎一定不要驚慌，你只要爬到樹上，老虎就不能奈你何了。」

年輕人記住了家人的話，在他上山的路上果然遇到了老虎，那隻饑餓的老虎朝他飛馳而來，年輕人不顧一切迅速爬到了樹上。

雖然上了樹，但是樹下的老虎仍然不肯離去，牠圍著樹咆哮不已，並且拼命往上跳，想要撲到年輕人。

年輕人本來已經爬到了樹上，但是由於驚慌過度，老虎又在下面一陣猛吼，嚇得一不小心從樹上跌了下來，而且剛好跌在老虎的背上。

一個從天而降的人突然落到背上顯然也讓老虎受了驚嚇，牠立刻狂奔起來，年輕人為了不被摔下山只好抱住虎身不放。

這時來了一個過路的人，路人不知事情的緣由，看到騎在虎背上的年輕人十分羨慕，他感慨不已：「能夠騎在老虎身上該有多威風啊，那人一定像神仙一般快活！」

騎在虎背上的年輕人聽到了路人的感慨，苦笑著說：「你只看到了我威風快活，哪知道我現在是騎虎難下，心裡害怕得要死呢。」

正如蕭伯納所說：「你可知道，人類總是高估了自己所沒有的東西之價值。」其實，別人的東西未必就是好的，而且即使是好的你也未必就能駕馭得了。如果現在真給你一隻「老虎」，你難道真的有膽量和能耐騎著牠去兜風嗎？

法則5．現實不是你的敵人，學著接受並適應它

現實就在那裡，它不會因你的抱怨和敵視而改變，甚至你的存在或消失對它產生不了絲毫影響，但它卻能夠改變你的人生。所以，與現實作對你並沒有任何好處，不如面對並接受它吧。

英國西敏寺教堂的一位聖公會主教的墓碑上有這樣一段墓誌銘：「在我年輕時，我的想像力是自由而不受任何限制的，當時的我夢想著自己可以改變整個世界。可是當我漸漸長大，我明白這個世界是無法改變的，於是我把自己的目標放低，決定去改變自己的國家。不過，我發現這也很難。當我開始變老的時候，我僅存的一絲希望是改變我的家庭以及我最親近的人。但是，很遺憾，他們沒有人願意接受改變。在臨終之時，我終於意識到——要是最初我改變的只是自己，我才能感化和改變我的家人；然後，在他們的鼓勵和激發下，說不定我就能改變自己的國家；最後，誰曉得呢，也許我連整個世界都可以改變也說不定。」

改變世界、改變周圍的環境曾經是很多人的夢想，但現實卻是，面對周圍的環境，甚至是整個世界，我們是無能為力的，我們需要改變自己去適應社會才行。在這個過程中，很多人覺得現實是殘酷的，它剝奪了我們的夢想，讓我們生活得永遠不那麼如意，我們需要每天拼命奔跑，否則就會被它淘汰。於是，我們埋怨它，甚至憎惡它，認為它是我們的敵人。其實我們搞錯了，是我們把改變的步驟弄反了。如果我們連自己都沒有能力改變，又憑什麼讓世界的腳步跟著我們走呢？也許你曾經不只一次看過下面這個故事，但是不妨再看一次，這會對你有用的：

曾經一個年輕人想學習搬山術，可是學了很久都沒有辦法將山搬過來。這讓他非常沮喪，決定去請教一位搬山術非常厲害的禪師。

禪師笑而不語，他走到山腳下對年輕人說：「所謂的搬山術不過是拉近你和山的距離，既然山不過來，那你就過去吧！」

山不過來，你就過去！這不是自欺欺人，而是一種人生智慧。既然無法改變現實，那就欣然接受現實並走進現實，結果會令你意想不到。

相傳在很久以前，有一個國家裡的人都是光著腳走路的。某一天，這個國家的國王要到非常遠的鄉間去旅行。因為是光著腳，再加上路上有很多的碎石頭，國王的雙腳不幸被割破了。

國王非常生氣，回到皇宮之後，他立刻下令將全國上下所有的道路全都鋪上一層牛皮，如此一來，不僅自己，所有的人都不會被石頭割傷腳。國王覺得自己做了一件大好事。

這個辦法好是好，可是一時之間去哪裡找那麼多的牛皮呢？即使將全國所有的牛都殺光，也不可能籌措到足夠多的牛皮去鋪路，這個想法實在是不現實。

正當大家為此愁眉不展、有苦難言時，一個機智而勇敢的大臣向國王諫言：「國王陛下，我們實在沒有必要如此勞師動眾，與其用大量的牛皮去鋪路，不如只用兩小片牛皮包住您的腳，這樣一來，無論您以後走到哪兒，都可以讓雙腳免受任何傷害。」

國王覺得這個辦法太好了，既不用勞民傷財，又能讓大家的腳免受刺痛之苦，簡直完美至極，於是便採用了大臣的建議。而這種簡單又實用的方法很快在全國乃至全世界流行開來。

據說，這也正是「皮鞋」的由來。

現實的環境也許是殘酷的，就像路上的碎石那樣割腳，而將全世界的路都披上牛皮正像我們的理想。可是這個理想的實現幾乎是天方夜譚。但是如果我們換一個角度，先從自我出發，接受現實的不平和崎嶇，並且想一個好辦法讓自己去適應它，那麼意想不到的事情便會發生。我們因為改變了自己而改變了世界，讓全世界的人都穿上了「皮鞋」，那麼我們還會擔心現實「割腳」嗎？

無論你是初出茅廬，還是久居江湖，現實總有不能如你所願的時候。當你感到環境不適合你時，不要去賭氣或者較勁，而應嘗試著改變自己。現實不是我們的敵人，接受並適應它並不是一種對現實的認輸和妥協。因為無論如何，我們都生活在現實中，只有接受它，才能適應它，進而瞭解它，直到成為朋友。

對於一個我們所熟悉的朋友，改變起來是不是要容易很多呢？

法則6．不要選擇最好的，要選擇最適合自己的

要想獲得成功，首先要找到適合自己的位置，給自己一個精確的定位。任何好高騖遠或者眼高手低的行為都會影響我們對自己的判斷，進而阻礙我們獲得應有的成就。

人們之所以對現實有諸多的抱怨，並不是現實真的做了什麼對不起他們的事，而是現實沒有給他們自己想要的那些東西。其實現實也很無奈，因為即使它想給你，你也未必能夠接得住。好的機會和運氣並不適合所有的人，正如「瓷器活」是要有「金鋼鑽」與之匹配的，做能力之外的事情，結果只能讓人失望而已。

有一個富翁，他在散步時弄丟了自己的愛犬，四處尋找不到，便張貼了一則啟事：有狗丟失，歸還者，將獲得酬金一萬元。並在啟事旁附上了小狗的一張畫像。啟事登出之後，富翁家變得門庭若市，送狗者絡繹不絕。然而送來的狗雖然很多，卻都不是富翁家的。

兩天過去了，富翁的太太很著急，她對自己的丈夫說：「我們的狗可是一隻純正的愛爾蘭名

犬，真正撿狗的人一定嫌錢給的少，所以才沒有送來。」富翁覺得妻子的話沒錯，於是便把酬金改為二萬元。

其實，真正撿到這條狗的是一個乞丐，當時他在公園的躺椅上打盹，醒來便看到了這隻走失的名犬。但是他並沒有即時地看到第一條啟事，當他知道送回這隻小狗可以拿到二萬元時，興奮無比，他感覺自己沉寂多年的好運就要降臨了，決定第二天一早就把狗送回去。

可是當第二天他給富翁送狗的時候，卻發現尋狗啟事上的賞金已經變成了三萬元。這讓乞丐很震驚，一天一萬元，這可是他作夢都沒想過的事情。

乞丐心裡開始琢磨：「如果我晚兩天送過去，豈不是可以得到更多的錢？」於是，他又把狗帶了回去。

日後的幾天裡，乞丐幾乎沒有離開過啟事牌，他看著酬金一路飆升，反而越來越鎮定，他確信只要自己不把狗送回去，就能得到更多的錢。當酬金漲到使全城的市民都感到驚訝時，乞丐才返回他住的窯洞。

然而眼前的景象讓他嚇呆了：那隻價值連城的狗已經死了。牠在主人家裡吃的是新鮮的牛奶和肉骨頭，對乞丐從垃圾筒裡撿來的殘羹冷炙根本「無福消受」，沒幾天就餓死了。

對於乞丐來說，這筆豐厚的酬金猶如一個人的偉大理想，丟失的狗是人生當中的機遇，而新鮮的牛奶和肉骨頭相當於一個人的才能。我們想要獲得成功，空有理想是沒有用的，還需要有實現理想的資本。

但現實當中的很多人卻像那個乞丐一樣是沒有多少能力的，他們眼高手低，希望理想更加豐滿，成就更加巨大，卻從不去想自己有沒有那個能力來得到它。當我們因為「懷才不遇」而賭氣時，請先認真地想一想，我們是不是太過好高騖遠，這個天大的好機會究竟適不適合自己去做呢？

索爾格納夫說：「一個人不要做他想做的，或者應該做的，而要做他能做得最好的。拿不到元帥杖，就拿槍；拿不到槍，就拿鐵鏟。如果拿鐵鏟能拿出名堂，那麼拿鐵鏟又何妨？」在做任何事情之前，我們必須先認清自己，然後給自己一個準確的定位，看看自己究竟適不適合做這件事情，如果去做能有幾成把握，到底能不能做好。如果這件事情並不在自己的能力範圍之內，那麼無論它的獎賞多麼誘人，都不要去做。因為最後你不僅什麼都做不好，還毀了自己的一世英名。聰明的人是絕對不會犯這種錯誤的，比如愛因斯坦。

二十世紀五〇年代，在科學領域取得輝煌成就的愛因斯坦得到了全世界人民的尊重。而做為一個猶太人，他在猶太人聚集地的以色列更是具有超強的人氣和非凡的魅力。他甚至收到以色列當局的委任狀，懇請他回去就任以色列總統。

做為一個猶太人，能夠當上猶太國家的總統，這是多麼光榮和自豪的一件事啊。然而，愛因斯坦卻斷然拒絕了，他說：「我的一生都是在和客觀物質打交道，既缺乏天生的才智，也缺乏經驗來處理行政事務以及公正地對待別人。因此，本人不適合如此重任。」

任何人都是這樣，先瞭解自己在什麼領域能實現最大價值，然後再走進那個領域，這樣才更有可能遇到合適的機會。愛因斯坦當然知道當總統是多麼光榮的事情，而且那個職位的高度是多麼令人豔羨，他難道對於總統之位一點都不動心嗎？當然不是，任何想要讓自己的人生變得非同凡響的人都會希望自己更加卓越。但是愛因斯坦也清醒地知道自己根本就不是那塊料，他知道自己能做什麼不能做什麼，顯然總統這個位置是不適合他的。

如果他真的當了總統，那麼很可能連他因為偉大的科學貢獻所帶給自己的榮譽都會被毀掉了。在這個問題上，愛因斯坦顯然是聰明的，因為他沒有選擇更好的，而是選擇了更適合自己的。

做自己能做的事情，才能將事情做好，這才是成功的關鍵所在，關於這一點，我們每個人都應該謹記。

法則7．在沒撞到牆之前，及早回頭

我們固執地遵從內心的驅使，與現實和一切阻礙我們的人對抗，以為這是有個性、有骨氣、有毅力、有勇氣的表現。其實，這種近乎蠻幹式的勇敢不過是一種不知變通的傻氣行為。所以，我們在任何時候都不要凡事堅持到底，否則，不僅達不到目標，還會造成無可挽回的損失。

所有人都知道「不撞南牆不回頭」是一種傻氣的行為，但是在現實生活當中，我們很多人卻依舊在做著這種事，並習慣將這種行為稱為執著。沒錯，執著的確是爭取成功所必須具備的一種品質，但是僅限於你選擇的道路是正確的，如果前面等著你的是一堵牆，在你還沒有看到成功是什麼樣子的時候，就已經被撞得頭破血流了，你還有什麼力氣讓自己繼續朝成功邁進呢？當然，在這個時候你懂得變通，適時掉頭還是有成功的希望。如果意氣用事，非得堅持到底，說不定會造成無法挽回的損失。

有兩匹馬，牠們一高一矮，高的那匹長得俊美挺拔，一派颯爽英姿，被人們稱為良駒，而牠自己也以千里馬自居；矮的那匹就差很多，身材矮小不說，樣子也極其醜陋，尾巴上的毛都掉光了，一副歷經風霜的模樣，這樣一匹馬常被人們歸為劣馬一類。

這兩匹優劣不同的馬一起走在大草原上。牠們悠閒地吃著肥美的嫩草，心情舒暢，步伐輕快。兩匹馬邊吃邊聊，不知不覺便朝著荒漠走去。矮個子的劣馬提議：「等我們把這些草吃完，再回去吃那些沒吃完的吧，你看我們身後還有那麼多呢！」

高個子的良馬聽了之後冷哼了一聲說：「你沒聽過好馬不吃回頭草這句話嗎？前面肯定還有更多更好的青草，我得繼續往前走，可不能辱沒了自己好馬的名聲，要吃你自己回頭去吃吧！」說著，好馬便頭也不回地向前跑去，牠相信自己是一匹有理想有骨氣的馬，怎麼可能做「吃回頭草」的蠢事呢？

前方的青草越來越少，劣馬已經決定往回走了，牠可不想冒著餓死的危險跟自己的肚子賭氣。而好馬卻不肯回頭，即使前面沒有草了，牠也不回頭，牠要勇敢地走下去，因為牠是一匹「好馬」。

就這樣，劣馬掉頭去吃那些肥美的青草，而好馬還在「勇往直前」，但是迎接牠的卻是一片荒漠。牠走得精疲力竭、口乾舌燥，依然不肯停下自己高貴的腳步，最後在漫漫的荒漠中一頭栽倒，再也沒能站起來……

好馬不吃「回頭草」是意氣，不是志氣更不是骨氣，於是一路堅持到底，撞了南牆還不知回頭，最後連自己的命都丟了，還談什麼理想和抱負。世間的「好馬」常常因為意氣用事而堵住自己的退路，讓自己沒有迴旋的餘地，他們以為這是勇敢，其實這是毫無意義的蠻幹。

很多人認為「撞了南牆也不回頭」表露出的是一種一往無前的勇氣，但是這種勇氣無疑是盲目的。因為在前方已經沒有路的情況下依然執迷不悟，即使你有銅頭鐵臂也難保自己不疼，即使不疼，「此路不通」的挫敗感難道不會對你有一絲一毫的影響嗎？

勇撞南牆的人只是一時看上去很有骨氣的樣子，但對於自身的發展而言卻毫無益處。只不過大部分的人都沒有意識到這一點。我們當然應該有志氣和勇氣去追求我們想要的東西，但是前提是我們必須認清自己的前途是一條康莊大道還是一條死胡同，並確定它究竟是不是值得我們堅持到底。所以，在我們獨自為理想前進的途中，不妨靜下心來仔細想一想自己的付出是不是有價值，萬萬不要因為固執而斷送了自己原本應該很好的前程。

無論我們的個性和對未來的期望如何，在挫折和碰壁面前，我們若固執地不肯低頭，只會撞得頭破血流。適時低頭、積極變通，才是真正勇敢的表現。唯有如此，我們才是真正認識了自己，也才有機會和勇氣以積極的心態去迎接明天的挑戰。人生的勝利不在於一時的得失，而在於誰能走到最後。成功憑藉的不僅僅是一腔熱血，更重要的是我們的智慧。而「回頭」往往包含著新的機會、新的開始和新的面貌，當我們「回頭」時才會發現「出路」在哪裡。

法則8．不要跟過去過不去

在過去的記憶中打轉，荒廢了今天，耽誤了明天，結果什麼都沒能得到。

古希臘詩人荷馬說過：「過去的事已經過去，過去的事無法挽回。」對於已經成為往事的過往，人們為什麼總是走不出來呢？既然已經過去，既然無法挽回，為什麼還要執迷不悔呢？也許過去給了我們太多的記憶，那種記憶太過美好或太過糟糕，結果卻讓我們將今天變成了明天糟糕的回憶。

沉迷於過去不僅會耽誤今天的事，還會給我們的身心帶來莫大的傷害，讓我們的記憶囚禁在過去的牢籠裡，而我們自己也與待宰的羔羊無異了。

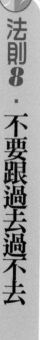

珍妮6歲時，有一次家裡停電，爸媽都出去不在家，她和弟弟非常害怕，大半夜跑到樓下等爸媽回來。姐弟兩人一邊等一邊傷心地抱在一起哭，以致於以後每次停電珍妮心裡都有一種莫名的恐懼和想哭的衝動。

蘇拉18歲初戀，跟男友一起去坐旋轉木馬時擦出愛的火花，結果卻以分手收場。儘管兩人是心平氣和地結束戀愛關係，但是從這以後，蘇拉每次看到旋轉木馬都會產生巨大的心理反應，甚至不敢再踏入遊樂場半步。

薇薇的情況更加嚴重，當時她正在等14路公車，在車子駛來的時候她接到奶奶病逝的消息。從此，她再也不坐14路公車，甚至對14這個數字都很憎惡，每當它出現的時候都會讓她想起那個悲傷的午後。

每個人的過去或多或少都會有這樣或那樣不愉快的記憶，這些記憶一遍一遍地擾亂著我們的神經，讓我們的心靈不得安寧。我們越是想要忘記，越是記得清晰，因為試圖忘記的過程，本身就成了一種對它的溫習。溫習的次數越多，記憶就越深刻，自然不是一兩句話就能一筆勾銷的。

拿得起放得下，也並不是說到就能做到的，因為我們總是在跟過去較勁，「釋懷」這個詞語總是讓人難以「釋懷」。

一個事業有成的女人，家庭出現了危機。她得知丈夫出軌的消息後，悲痛萬分，絕望地獨自一人來到他們第一次見面的地方。

這裡處處寫滿了他們過去的美好記憶，女人的思緒如同紛飛的落葉一般，飄搖著回到了七年前。

那時候，這個女人如一朵即將綻放的玫瑰花一般，鮮紅欲滴。在大學舉辦的秋遊會上，她與他邂逅了。兩人一見鍾情，攜手攀爬到了山的頂峰，並旁若無人地對著天空許下了海枯石爛的誓言。畢業後，兩個人一起走進了婚姻的殿堂，日子雖然過得拮据，但是卻充滿了愛的溫暖。

婚後的日子一天又一天過去了，夫妻兩人白手起家，憑藉著頑強的毅力和辛勤的汗水共同創建了現在行業內赫赫有名的公司。可是在婚姻的第七個年頭，女人意外地發現男人身上有了其他女人的香水味，經歷七年之癢的婚姻也就這樣即將走到了盡頭。

山頂的冷風將女人的思緒拉回到了現實，但是對於過去的種種怨恨依然縈繞在心頭，這種怨恨甚至讓她絕望。此時的她臉龐滿是痛苦的淚水，她盯著山下的深淵，竟然產生輕生的念頭。當她剛要縱身跳下的時候，卻被人一把攔下。女人回頭一看，原來是山上旅店的老闆娘。

在和老闆娘徹夜長談後，女人得知對面這個精明能幹的女人也曾有過一段不幸的婚姻。「那時的我和妳一樣，恨不得一死了之，但是隨後想想人生苦短，沉浸在過去的回憶與怨恨中，我這輩子就毀了。如果一切向前看，我還能擁有幸福的明天。我現在的老公對我疼愛有加，我們兩人一同打理山頂上這家小小的旅店，過得平和愜意。」

老闆娘頓了頓又說：「妳仔細回想一下，七年前的今天，妳在這裡遇到了生命中的另一半，但是在遇到他之前，妳是獨自一個人。七年後的今天，妳自己來到山頂，依然還是一個人。換個角度想，現在的妳和七年前一樣，依舊可以有美好的未來。」

女人聽了老闆娘的話如同醍醐灌頂，她決定試著拋開過去。既然往昔已經對自己沒有任何價值了，為什麼還要為之付出輕生的代價呢？於是，第二天下山後，她平靜地與丈夫分割了打拼多年的財產，簽下了離婚協議書。

光陰荏苒，很多年過去了，女人第三次爬上了山頂，與此前不同的是，她找到了一個真正愛她的人。

過去的苦與樂經常這樣跑出來折磨著我們，讓我們無法忘記它，但卻對我們沒有任何價值可言。那麼，我們就必須想辦法去擺脫它，不管遺忘與放開有多難。如果我們不想毀掉自己的生活，就必須嘗試著去做。

別跟過去過不去，因為過去不會對你的人生負責，跟過去賭氣對你一點好處都沒有，你又何苦浪費這個時間呢？

「記住該記住的，忘記該忘記的，改變能改變的，接受不能改變的。」這是一條通俗易懂的人生哲理，只是能做到的人卻不多。不怪你的心靈不夠堅強，只怪它還不夠豁達，若真有一天能把一切都看淡了、放下了，那些痛苦的記憶也就奈何不了你了。

法則9．與別人鬥氣等於跟自己嘔氣

跟別人鬥氣其實沒有什麼好處，因為不管你是否真的氣到了別人，你自己都一定先把自己氣到了。而且很顯然，鬥氣是一種不成熟的表現，一個很容易就被別人左右情緒的人是不能主宰自己的。試想，當你的喜怒哀樂掌握在別人手裡的時候，你又怎麼可能駕馭得了自己的人生呢？

喜歡鬥氣的人很容易被別人的一言一行所左右，別人還沒怎麼樣自己就已經氣到不行了，非得爭出個所以然來才甘心。可是最後的結果往往是在跟自己過不去。因為當你在為別人所說的一句話或者所做的一件事鬥氣時，你的思想和情緒其實是被別人所左右的，對方也許正是想讓你生氣才說那些或者做那些的，你如果真的生氣去跟他較真，那你也就真的上了對方的當了。

安妮的同學向她哭訴，說覺得生活得沒意思，感覺不到幸福在哪裡。

安妮覺得很奇怪，因為對方很早就找到了如意郎君，而且生了一個可愛的兒子，工作穩定、生活平順。於是安妮打趣道：「憑什麼就妳應該活得最有意思啊？房子也有了，兒子也能跑能跳了，老公對妳也挺好的，妳還想怎麼樣啊？」

同學說：「好什麼啊，我現在覺得自己日子過得一點指望都沒有。我本來薪水就不高，我老公工作的那個學校的待遇不提也罷。早就想買車了，一直買不下來。我鄰居前兩天居然買了我看上的那款汽車，還跟我炫耀。她有什麼啊，不就是老公有點錢嗎？就她老公那模樣，我才看不上呢……」

「既然看不上，妳義憤填膺做什麼？我看不是因為人家買了妳買不起的那輛車，也不是人家那個長得很醜的老公比妳老公有錢，而是因為曾經跟妳一樣甚至還不如妳的那個人現在居然比妳過得好。」同學不說話了，安妮又接著說：「妳都30幾歲了，怎麼還跟孩子似的，總覺得別人的糖比較好吃。要幸福其實挺容易的，但是妳總想著比別人幸福，那當然就難了……」

鬥氣往往出於一種心理，那就是「嫉妒」，因為我們看不得別人比自己好，尤其是那個本來跟我們在同一起跑線的人，居然跑在我們前面，這無名之火怎麼能不油然而生呢？不跟對方鬥一鬥，自己又怎麼嚥得下這口氣呢？但是事情往往是在你還沒有跟對方鬥之前，自己就已經氣得不行了。也許有人會說「輸人不輸陣」，即使鬥不過也得把氣勢拿出來，但這種鬥來鬥去的結果卻是既傷了自己的元氣，又傷了與對方的和氣。

有齣電視劇《武林外傳》中有這樣一幕：佟掌櫃的姐妹千里迢迢來看她。他鄉遇故知，這本來是件好事，但是兩人從小好鬥氣攀比的性子卻壞了這件好事。

佟掌櫃因為姐妹嫁入豪門、錦衣玉食而虛榮心大發，打腫臉充胖子，拿出自己的家底來跟她相比，飯要吃最好的，衣服穿最好的。結果沒兩個回合，自己就因財力不濟敗下陣來。正當佟掌櫃為自己的失敗捶胸頓足的時候，卻無意中發現自己的姐妹嫁的老公是一個說話不利索的糟老頭子。這讓佟掌櫃一下子虛榮心爆滿，並且用計當著眾人的面拆穿了姐妹華麗外表掩藏的真相，結果弄得姐妹顏面掃地，還差點拆散了一對恩愛夫妻。

在這場鬥氣比賽中，兩個人可謂兩敗俱傷，既傷錢又傷感情，讓別人不好受，自己也沒好受到哪兒去，真是一點意義都沒有。

鬥氣其實是自己跟自己嘔氣，因為心理不平衡，所以才有氣可生，於是才把氣發洩到那個讓自己不平衡的人身上。這當然是一個不好的行為和習慣，無論於己於人都不會從中得到真正的勝利。

希望超越別人，取得更輝煌的成就當然情有可原，但是鬥氣絕對不是達到這一目的的正確途徑。在無休止的「鬥氣」過程中，你耗損的是自己的能量，傷害的是自己的人脈，浪費的是自己的時間和精力。正如林肯所說：「有決心有所成就的人，絕不肯在私人爭執上浪費時間。爭執的後果不是他所能承擔得起的，而後果包括發脾氣，失去自制。當你遇到惡犬擋道時，最聰明的方法還是避開牠。別跟牠為爭奪路權而起衝突，如果被牠咬傷了，就算你最後殺了牠，你的傷口仍將存在。」所以，如果你夠明智，一定不要被情緒的惡犬所左右，它可是會毫不留情地咬你一口的，而你傷不起。

法則10．拳頭並不能解決問題

當別人做了對不起我們的事情，誰都難免會生氣，但是想要解決問題，大發雷霆加拳腳相向是完全發揮不了任何作用的。拳頭的震懾力遠不及它給事件造成的惡劣影響，而且當你的拳頭打到別人身上的時候，你自己難道不會疼嗎？

生活中難免會有一些事情讓我們怒火中燒，尤其是脾氣暴躁、肝火很旺的人，很容易就被別人的一些過激行為激怒。如果在這個時候自己不懂得加以控制，那麼必將讓事態變得非常嚴重。當我們的脾氣如同火山爆發那樣噴射而出時，事態的發展也必將像我們的拳頭那樣完全不受理智控制。也正因如此，世界上每天都會有各種各樣的事件，因為一時的衝動而採取了武力的方式去解決，但結果卻往往是兩敗俱傷，而聰明的人懂得將自己和對方的怒火化之於無形。

1754年，當時華盛頓身為上校，他率領自己的部隊駐防亞歷山大市。此時維吉尼亞州議會正在選舉議員，而華盛頓所支持的候選人遭到一個名叫威廉．佩恩的人強烈反對。

在選舉的問題上，華盛頓與佩恩展開激烈的辯論，並且在情緒激動時說了一些冒犯佩恩的話。佩恩聽了華盛頓的言辭頓時火冒三丈，上去就給了華盛頓一拳，將他打倒在地。華盛頓的部下立刻跑上來要教訓佩恩，但是被華盛頓阻止了，他勸說自己的部下返回營地，事情由他自己解決。

第二天，華盛頓派人給威廉．佩恩送來一張便條，邀請他到當地的一家小酒店去會面。佩恩意識到這是華盛頓在約他決鬥，當即拿起一把手槍便隻身趕往了小酒店。

在去往酒店的路上，佩恩一直在想應該如何對付華盛頓，自己如何才能在決鬥中取勝。當他到達約好的那家小酒店時，眼前的情景卻讓他大感意外，迎接他的是一桌豐盛的宴席，以及華盛頓真誠的笑臉。

「佩恩先生，」華盛頓微笑著說，「誰都有犯錯誤的時候，這是人之常情，但是我認為糾正錯誤也是一件光榮的事。昨天是我不對，對你言辭過激，不過我相信你在某種程度上也得到了滿足。如果你認為我們到此能夠和解的話，就請伸出手來與我握手吧，讓我們交個朋友怎麼樣？」

佩頓被華盛頓的真誠和大度感動了，連忙伸出自己的手握住華盛頓的手，說：「華盛頓先生，對於我昨天的魯莽與無禮，也請你能夠原諒。」

這次事件之後，威廉．佩恩和華盛頓成為了朋友，同時他也成為華盛頓又一位堅定的支持者。

華盛頓是聰明的人，做為一個軍隊的領袖，挨別人一拳似乎是一件非常丟臉的事情。如果是一個虛榮心過強的人一定會毫不猶豫地大打出手，但是華盛頓沒有。因為他足夠理智，他知道拳頭並不能解決問題，即使現在自己把佩頓打得滿地找牙，也只能是對他的身體造成了傷害，並不能讓對方從心裡對自己服氣。所以，他當時採取了冷處理的方式，然後等自己足夠冷靜之後，再跟對方握手言和，這樣做不僅成功消除了一個敵人，更獲得了一個真誠的盟友。

當然，也許有人會說，華盛頓是一個偉人，ＥＱ當然高，而且他自己也要考慮很多政治因素。那麼，做為普通人就沒有那麼多禁忌了嗎？當然不是。拋開利益不說，打人也是要負責任的。任何事件在你出拳的那一刻都會激化，讓問題更加難以解決。而且你應該明白，你在這個過程中也是會受傷的。即使你的拳頭足夠硬，你不會因此而受到傷害，你也不要用它來炫耀自己的威力。

喬．路易是美國拳王，曾一度在拳壇所向無敵。這樣一個厲害的角色遇到問題是怎麼解決的呢？用他最具威力的拳頭嗎？當然不！

有一次，路易和朋友一起駕車出遊，走到途中時，前方突然出現異常情況，於是路易不得不緊急剎車。而這時緊隨其後的一輛車始料未及，兩輛車撞在了一起。儘管碰撞得並不嚴重，但還是讓後面的司機非常生氣，他怒氣沖沖地跳下車來，跑到路易面前大罵他剎車太急，指責他的駕駛技術有問題，一邊罵還一邊揮舞雙拳，擺出一副要把路易打個稀巴爛的架勢。

面對這種糟糕的情況和無禮的司機，路易表現的非常平靜，除了向對方道歉之外，自始至終沒有一絲怨尤和爭執。那個司機自己罵得沒了興致，便悻悻然離開了。

等對方走後，路易的朋友不解地問他：「你可是拳王，那個人如此無理取鬧，你為什麼不拿拳頭好好教訓他一頓？」

路易聽後笑著對朋友說：「你知道歌王帕華洛帝嗎？如果有人侮辱了他，帕華洛帝是不是也應該為對方高歌一曲呢？」

拳王的回答非常幽默，但同時也看出了他的個人涵養。並不是拳頭厲害就可以不可一世，任何事情當然應該先講道理，是自己的錯誤就要承認，這沒什麼可丟臉的。不與無理取鬧的人計較，並且主動認錯，才是勇者和智者的表現。

生活中讓我們不滿意的事情那麼多，難道我們都要用拳頭去解決嗎？別說我們的拳頭不夠硬，即使夠硬，我們也解絕不過來。所以，對於那些沒有必要較真的閒氣，我們盡量不生，即使生氣也要管好自己的拳頭，它有許多有意義的事情可以做，但是打架絕對不包括在內。

法則11．學會放棄才能輕鬆上路

「魚與熊掌不可兼得」，生活中我們經常不得不忍痛放棄一些心愛的東西，但放棄的目的是為了更好的選擇，走更遠的路。

放棄是一種人生智慧，因為我們的人生當中想要擁有和能夠擁有的實在太多，而我們的人生精力和駕馭能力卻是有限的。如果我們想要得到更好的就要學會將不好的放棄，為更好的留出空間。

有兩個貧窮的農夫，他們一個比較聰明，另一個比較愚笨。

有一天，兩人相約一起外出去尋找財物。他們來到城裡，在一處被火燒毀的地方發現了一些被燒焦的羊毛，兩個人很高興，因為總算有了收穫。於是，兩人將散落的羊毛捆好，盡量多背一些在身上離開。

兩人背著羊毛走在路上，忽然發現一些別人遺失的布匹。於是，聰明的農夫立刻將背上燒焦的羊毛丟了，換成了嶄新的布，而笨農夫卻說：「好不容易捆好的羊毛為什麼要丟掉呢？」對於那些嶄新的布匹他一點也沒有拿。

兩個人又接著往前走，走著走著又看到路上有一些現成的衣服遺失在那裡。聰明的農夫立刻將布丟棄，換成了衣服背在身上。而笨農夫依然覺得把好不容易捆好的羊毛扔掉太可惜了，依然沒有騰出手來去拿那些現成的衣服。

走著走著，他們又發現了一些銀餐具，聰明的農夫又把衣服換成了餐具，笨農夫依然固執地背著他好不容易捆得牢牢的羊毛，儘管他也有些心動。

後來，兩個農夫又發現了一堆金子，聰明的農夫興奮地扔掉銀餐具去撿金子，但是笨農夫還是固守著他的羊毛。

天即將就要黑了，滿載而歸的兩個人突然在路上遇到了大雨，雨水把羊毛淋得透濕，背著羊毛的笨農夫已經不堪重負，只好把它扔掉，最後空手而回。

聰明的農夫卻因為撿了很多的金子，成了富翁。

我們每個人來到這個世界上都像那兩個農夫一樣，希望透過自己的努力尋找到屬於自己的成功，為此我們付出了勤勞和汗水，而且我們對自己的付出格外珍惜。但是，如果我們想繼續前進獲得更大的成就，就必須要將自己所擁有的付出過汗水的東西丟掉一部分，繼續背負的話，只會讓一些更好的機會從我們的手中溜走。我們應該清楚的是，如果我們要想成功，勇氣和毅力固然很重要，但更為重要的是，我們還要學會放棄。所謂「魚和熊掌不能兼得」，如果沒有果斷的放棄，就沒辦法做出明智的選擇。

事實上，生命中一切有價值的東西，只會在經過淘汰和篩選之後才能讓價值展現。許多時候，人們只緊緊抓住自己原有的，不肯改變，不肯丟棄。但過去擁有的成就和輝煌就像故事裡燒焦的羊毛，雖然花費了不少心血，但是也常常因為背負太多讓我們的腳步停滯。唯有放棄，才有機會突破現狀，再創輝煌。

1784年的冬天，華盛頓回到故鄉。在那個寒冷的冬天，冰雪包圍了他居住的山莊，這位偉大的總統在離職之後又過著與世隔絕的生活。往日的輝煌不復存在，門庭冷落與昔日的熙來攘往相比，顯得過於寂靜，甚至落寞。但是華盛頓並沒有像其他人那樣自怨自艾，沉迷於往日的輝煌與今日的落寞之中無法自拔，而是以一種輕鬆的心態來享受這段難得的清靜生活。

在2月1日那天，華盛頓把自己離職以後的感受用輕快的筆調告訴自己的朋友拉法葉特侯爵：

「親愛的侯爵，我終於成了波托馬克河畔的一位普通百姓了。在我自己的葡萄架和果樹下納涼，聽不到軍營的喧嚷，也見不到公務的繁忙。我此刻正享受著寧靜而快樂的生活。而這種快樂是那些孜孜不倦地追逐功名的軍人們，那些朝思暮想著圖謀策劃、不惜滅他國以牟私利的政客們，那些時時刻刻察言觀色以博君王一笑的權臣們所無法理解的。我不僅僅辭去了所有的公務，而且內心也得到了徹底的解脫。我盼望能獨自散步，心滿意足地走我自己的生活道路。親愛的朋友，這就是我對未來的安排。我將隨著生命的溪流緩緩流淌，直到與我的父輩共寢九泉。」

正是有了這份捨得放下的淡然胸懷，讓華盛頓有充足的時間來觀察自己身邊的事物。也正是在這段時間裡，華盛頓醞釀出了後來宏偉的西部開發計畫，從而改寫了美國的歷史。

能夠放棄舊日輝煌是一種偉大的人生智慧，正如海明威所說：「只要你不計較得失，人生還有什麼不能克服的？」過去的得失既然已經沒有意義，那麼再背負著就只能是白費力氣。

如果要登高望遠，就要放棄家居的舒適；如果要獲得最大的成功，就要放棄眼前的安逸；如果要爬得越高，走得越遠，就要放棄沉重的行囊。人生當中還有那麼多值得我們去追求的東西，我們沒有必要跟自己賭氣。只有將那些雞肋般的「羊毛」放棄，才能用輕快的步伐去追尋更有價值的「黃金」。

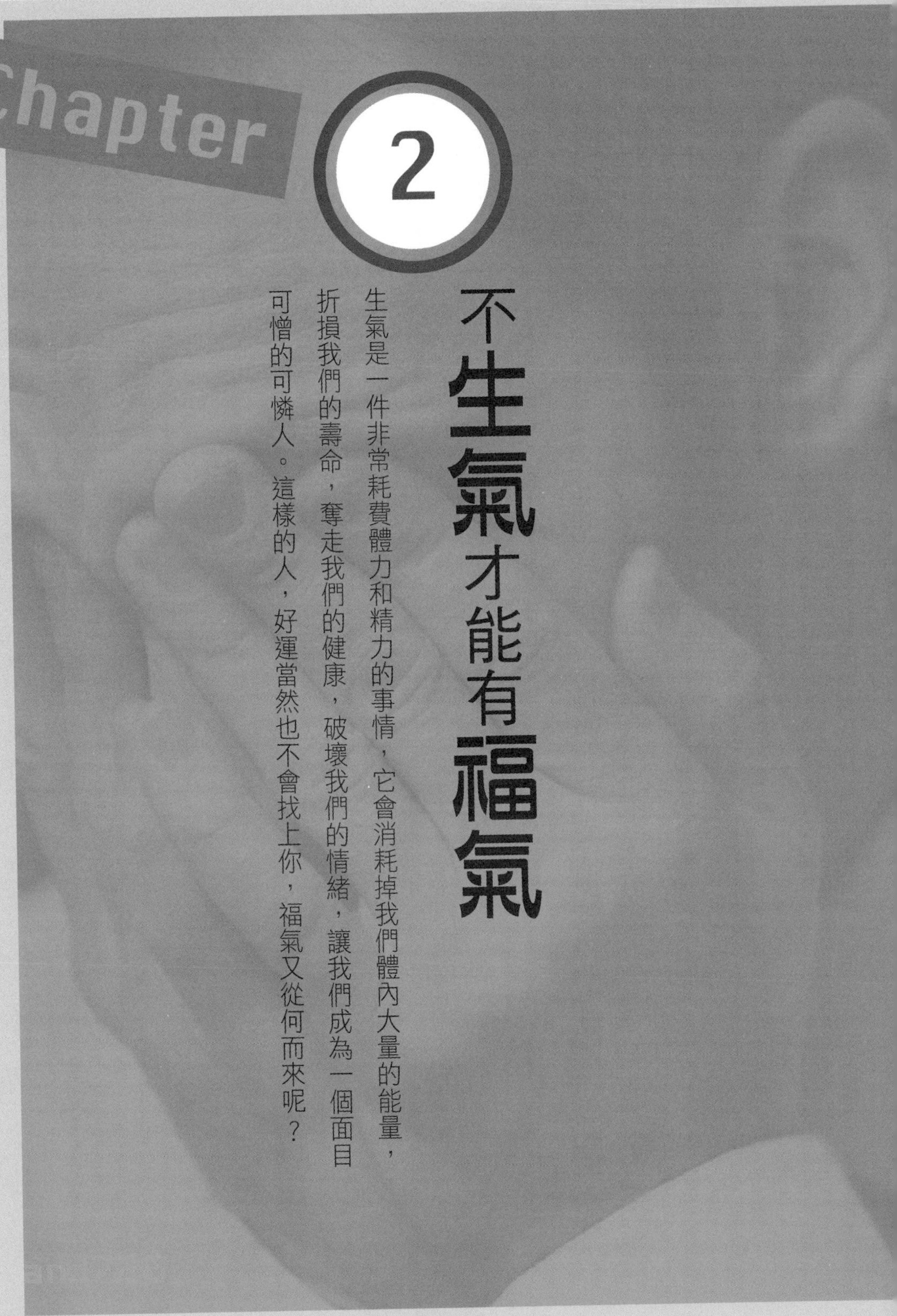

Chapter 2

不生氣才能有福氣

生氣是一件非常耗費體力和精力的事情，它會消耗掉我們體內大量的能量，折損我們的壽命，奪走我們的健康，破壞我們的情緒，讓我們成為一個面目可憎的可憐人。這樣的人，好運當然也不會找上你，福氣又從何而來呢？

法則12．別拿他人的錯誤懲罰自己

康德曾經說過：「生氣是拿別人的錯誤懲罰自己。」別人犯錯，他理應受到懲罰；而你因別人的錯誤而生氣，則是用別人的錯誤來懲罰自己。如果你自認是一個聰明人，就請別再去做這樣的傻事了！

這個世界上有許多事情看上去很合理，但是仔細推敲卻很滑稽，比如生氣這種事情。做為一個具有七情六慾的人，受到環境的影響是很正常，所以便有了喜怒哀樂。在這個合理的前提下，我們認為，別人違背自己的心意做了錯誤的事情，生氣似乎是理所當然的。可是我們有沒有想過，我們生氣的目的是什麼？讓對方感到愧疚嗎？對方也許會也許不會，但我們的身心受到影響則是必然的。不管對方有沒有受到懲罰，我們自己卻必定已經走到了「刑場」，至於受怎樣的懲罰，就要根據你「氣」的多少而定了。

一頭因為賭氣而離家出走的駱駝在沙漠裡艱難地跋涉著。中午的太陽像一個大火球，炙烤著大地。駱駝又餓又渴，焦躁萬分，一肚子火氣不知道該往哪兒發才好。

正在這時，駱駝的腳掌被一塊玻璃瓶的碎片刺了一下，這讓牠頓時火冒三丈，咬牙切齒地罵道：「去死吧！」隨即抬腳狠狠地將碎片踢了出去。由於用力過猛，一不小心將本來厚實的腳掌劃開了一道深深的傷口，殷紅的鮮血頓時染紅了腳下的沙粒。

氣急敗壞的駱駝一瘸一拐地向前走著，地上的血跡引來了空中的禿鷲。牠們歡叫著在天空中盤旋。

「莫非牠們要等我的血流乾後，來吃我的肉嗎？」駱駝心裡一驚，不顧傷勢狂奔起來，沙漠上留下了一條長長的血痕。

跑到沙漠邊緣時，好不容易擺脫了禿鷲的騷擾，可是誰知濃重的血腥味又引來了狼。疲憊加之失血過多，虛弱的駱駝像無頭蒼蠅般東躲西藏，倉皇之中跑到了一處食人蟻的巢穴旁。只見食人蟻傾巢而出，瘋狂地向駱駝撲過去。眨眼間，食人蟻就像一床黑色的棉被把駱駝裹了個密不透風。頃刻之間，可憐的駱駝轟然倒地。

臨死前，這個龐然大物後悔莫及，喟然長嘆道：「為什麼我要跟一塊小小的碎玻璃過不去呢？」

這隻駱駝因控制不住自己憤怒的情緒，在受到一連串的傷害後，最終走向了毀滅。可見，生氣事小，生命事大。不要以為生氣不會對你的健康造成影響，因生氣而引發心肌梗塞、腦中風死的人可是越來越多了。更何況，你是用自己的身心在為別人的錯誤買單，無論如何都是賠本買賣，太不划算了。所以，聰明的人無論在什麼時候都不會用別人的錯誤去懲罰自己，他們知道什麼才是對自己最有利的。

二十世紀四〇年代，德裔美國科學家愛因斯坦由於提出相對論而引起廣泛的關注。但在當時，伴隨著莫大的榮譽和耀眼光環的是眾多科學家的一片質疑聲。隨著時間的推移，越來越多的科學家加入了反對的行列，對愛因斯坦及相對論進行了一連串猛烈的抨擊。

反對者召集了一百位當時頗具名望的科學家聯名證明相對論是謬論，是無稽之談。這種質疑和抨擊愈演愈烈，最後變成了對愛因斯坦人身的攻擊。反對者在多個公開場合大放厥詞：愛因斯坦是個瘋子，是個毫無出息的傻瓜，是個一心只想出名的白癡……

記者會上，好事的記者當然不會放過這個機會，追問愛因斯坦對一百位科學家的質疑如何看待，準備怎麼反擊。愛因斯坦微笑著說：「一百位？如果能證明我的確錯了，一位就可以了！」會場裡頓時掌聲雷動。

愛因斯坦對那些科學家的質疑、謾罵和羞辱真的一點都不生氣嗎？答案是否定的，沒有人會對此無動於衷。但是他很清楚，生氣、憤怒只會給自己平添煩惱，只會招致更多的非議，只會讓那些反對者在笑聲中舉杯慶賀他們計畫的得逞。

更何況，他明知道自己是對的，那些人才是錯的。所以，他很好地控制住了自己的滿腔怒火，沒有讓自己成為憤怒的犧牲品。

在事隔多年後，那些反對者當中的一位略帶調侃地說了這麼一句話：「時間證明愛因斯坦是獲勝者，我們是失敗者，我們讓一個微笑打敗了。」

西方有一個聰明的政治家跟愛因斯坦一樣，總是在當有人罵他時先是沉默，等到對方罵完了，他會微笑著說：「對不起，您剛才說的我沒聽清楚，麻煩再說一遍？」

對於別人的錯誤，是沒有必要生氣的。因為它不僅不能解決問題，還會製造麻煩。最好的辦法是一笑了之。

對方改正、道歉當然好，如果他們無心悔過，生氣也沒用。所以，當我們受到質疑、誤解、謾罵，甚至羞辱時，不要生氣，微笑一下，其他的都交給時間去解決。

法則13．不為小事生氣

人生活在這個世界上只有很短的幾十年，可是我們卻浪費了過多的時間在幾天之內就會忘卻的小事上。這種傻事我們幾乎每天都在做，結果既讓心情糟糕又浪費精力和時間，最後甚至被小事毀掉。

有句名言說：「真正使你感到疲憊的往往不是一眼望不到頂的山峰，而是在攀登過程中落進鞋中的一粒細沙。」生活中有太多不值得我們去計較的事情，卻讓我們為此付出了巨大的代價，但回想起來這些事其實根本微不足道。

作家吉卜林曾經和他小舅子打過一場非常有名的官司。當時吉卜林娶了一個佛蒙特州的女子，並且在布拉特爾伯勒造了一所漂亮房子，準備在那裡安度晚年。他的內弟比提成了他最好的朋友，兩人經常在一起工作，甚至形影不離。

後來，吉卜林從比提那裡買了一塊地，事先商量好比提可以每個季節在那塊地上割草。

一天，比提發現吉卜林在那片草地上開闢出一個花園，他為此大為惱火，甚至暴跳如雷。他找到吉卜林理論，沒想到吉卜林也不甘示弱反唇相譏，這件事弄得整個佛蒙特州綠山上烏雲籠罩。

幾天後，吉卜林騎自行車出去遊玩時，不小心被比提的馬車撞倒在地上。因為割草事件還在生氣的吉卜林此時已經不太清醒，雖然他曾經寫下過「眾人皆醉，你應獨醒」這樣的名言。但是被氣憤充斥了大腦的他立刻把自己最好的朋友告上了法庭，比提也因此被抓了起來。

一場熱鬧的官司過後，吉卜林並沒有得到多少勝利的滿足。這塊傷心的土地讓他沒有辦法再待下去，於是難過的吉卜林攜妻永遠離開了這裡。而這一切的起因，只不過為了一件再小不過的事情——一車乾草。

一件小事可以讓我們的事業、家庭、情感遭受前所未有的重創，就像那車乾草一樣，給我們的生活帶來無法彌補的損失。據一項調查表明：人類煩惱的50%來自於日常的小事，20%是在杞人憂天，20%事實上並不存在，剩下的10%則是既成的事實，再著急上火也沒用。我們的生命如此短暫，而那些小事卻一刻不停地在浪費著它，這對於人生而言是多麼大的一筆損失啊！

在美國科羅拉多州的一個山坡上，有一棵大樹的殘軀躺在那裡。自然學家說這棵大樹曾經有過四百多年的歷史。在它漫長的生命過程中，曾一度遭受過十四次雷電攻擊，而它卻安然無恙地挺了過來。

現在的它居然倒下了，原因令人驚訝——一小隊甲蟲的攻擊。那些甲蟲非常小，但是牠們一刻不停地啃食讓這棵參天古木漸漸失去了元氣，並且永遠倒在了地上。這樣一棵在森林中生存了幾百年的巨木，歲月和風暴都沒能奈何得了它，然而卻在一些小甲蟲手裡喪了命，怎能不令人感慨呢？

人又何嘗不是這樣，英國作家迪斯雷利曾經說過：「為小事而生氣的人，生命是短促的。」我們就像森林中那棵大樹，經歷過無數坎坷，但卻被一些小事拖累，讓自己變得易怒和平庸。如果我們不想讓自己的人生被小事毀掉，就必須想辦法擺脫它。其實擺脫小事的困擾並不像我們想像的那麼難，只要換一個角度看問題，那些令我們暴跳如雷的小事是可以化為烏有的。

從前有一個農夫，他經常為了一些小事生氣，但是他有一個習慣，就是一生氣就跑回家。在家裡，他會圍繞著自己的房子和土地跑上三圈，跑完之後什麼事都沒有了。

後來，他變得越來越有錢，房子也越來越大，擁有的土地也越來越多，但當他生氣時，仍然會跑回家，然後繞著自己的房子和土地跑三圈，哪怕這樣做會讓他累得上氣不接下氣。

這個習慣一直堅持到他年老的時候，有一天他的孫子問他：「爺爺，您為什麼一生氣就繞著我們家的房子和土地跑呢？」

農夫笑著對自己的孫子說：「年輕的時候，我經常容易為小事生氣。每當生氣時我就會繞著房子和土地跑三圈，我一邊跑一邊對自己說，我的房子這麼小，土地也這麼少，哪有時間和精力去跟別人為那麼點的小事生氣呢？還是想辦法多賺點錢吧。每每想到這，我的氣就消了，我也就有了更多的時間和精力去工作和賺錢了。」

孫子又問：「爺爺，您現在已經很富有了，為什麼還要繞著房子和土地跑呢？」

農夫笑著回答：「現在我再為那些小事生氣時，就會邊跑邊對自己說，我現在有這麼大的房子和這麼多的土地，又何必再為一點小事和別人計較呢？一想到這，我的氣就又消了。」

大多數時候，人們生氣其實只是在為一些雞毛蒜皮的小事生氣，但是如果換一種方式思考，我們就會發現為此生氣一點都不值得。一個人的精力是有限的，當你把自己陷入生活瑣事中的時候，你就沒有精力去思考大事，我們還有那麼多的事情等著我們去做。為了追尋成功和幸福，我們耽誤不起這個時間。而對於獲得幸福和成功而言，這些小事根本不值得我們大動肝火地去降低自己的幸福指數。

法則14・壞脾氣只能壞事

人們常常把壞脾氣說成是真性情。這種「真情」流露也許看上去是一種真誠的表現，會受到別人的歡迎，但這種歡迎是在對方沒有受到你壞脾氣波及的前提下才成立的。有誰願意整天跟一座活火山待在一起呢？

情緒有一個很重要的作用，那就是左右人類的決定和行為，無論是對我們的學習還是對社會適應能力而言，情緒都扮演著極為重要的角色。但是人如果被自己的壞情緒控制了，就很容易壞事。即使你是一個能力出眾、聰明絕頂的人，也會因為自己的怒氣不受控制，而讓自己的大腦失去正常運轉的能力，影響你對事物的判斷，最後做出讓自己都覺得很傻很可笑的事情。

洛克菲勒不僅是一名成功的商人，更是情緒管理的專家。

有一次，他被告上了法庭。在法庭的審理過程中，對方的律師拿出一封信質問洛克菲勒：「洛克菲勒先生，請問你收到我給你的信了嗎？你又回信了嗎？」

「我收到信了。」洛克菲勒對律師說：「但沒有回信。」

那位律師的情緒顯然有一點激動，他又接連拿出二十幾封信，並且一封一封地詢問洛克菲勒同樣的問題，但洛克菲勒依然波瀾不驚，他以相同的表情逐一給予了那位律師相同的答案。

在將所有的信都拿出來後，這位律師再也控制不了自己的情緒了，他變得暴跳如雷，並且當著眾多社會名流的面對洛克菲勒破口大罵。

但這顯然沒有發揮什麼好的作用，最後，法庭宣判洛克菲勒勝訴，而那位律師也因為情緒的失控不僅讓自己亂了章法，還被拖出了法庭。

很顯然洛克菲勒是一個善於控制自己情緒的人，而那名律師則相反，他被自己的壞脾氣控制了，也讓整個事件朝著不利於自己的方向發展。最後自己敗訴不說，很可能還讓自己的前途受到影響。有誰願意找這樣一個動不動就煩躁發怒，只會壞事的律師為自己打官司呢？

情緒失控的後果是很嚴重的，我們很可能因為自己的一時意氣用事而失去了應有的成功機會。不管你有多麼優秀，如果你不克制自己的脾氣，那你的人生道路是不會一帆風順的。相反，如果你能駕馭它，你的人生格局也會變得大不一樣。

議會選舉開始了，有一位候選人準備參加參議員的競選，他向自己的參謀們請教如何才能讓自己獲得多數人的選票。

眾參謀中有一個人站起來說：「這個我倒是可以教你一些方法。不過我們要先訂一個規則才行，一旦你違反我教給你的方法，就要罰你十美元。」

候選人覺得這很簡單，於是就爽快地回答：「這沒問題。」

「好，那我們就從現在開始了。」參謀說，「我教你的第一個方法就是，不管對方如何貶損你、辱罵你、批評你、指責你，你都不許發怒。」

「這個簡單，人家批評我，說我的壞話，是在給我敲警鐘，我會感激他，不會記在心上的。」候選人輕鬆地回答。

「你能這麼做當然最好。我希望你能記住這個規則，你要明白，這可是我給你的規則當中最重要的一條。不過，像你這麼愚蠢的人，也不知道能不能記得住。」

「你說什麼？你居然說我愚蠢！」候選人氣急敗壞地道。

「十美元，拿來吧。」

候選人臉上的憤怒雖然還沒有褪去，但是他很清楚是自己違反規則了。他無可奈何地把錢遞給自己的參謀，說：「好吧好吧，這次是我錯了，我太大意了，那你繼續說其他規則吧。」

「這條規則是最重要的，其他的規則也差不多。」

「你這個騙子……」候選人暴跳如雷。

「很抱歉，請再拿十美元。」參謀攤手道。

「你賺這二十美元也太容易了。」候選人不情願地掏錢。

「誰說不是呢，你快點拿出來，這都是你自己答應的，你要是不給我，我一定會讓你臭名遠揚的。」

「你簡直是隻狡猾的狐狸！」候選人顯然又要發作。

「對不起，又十美元，拿來吧。」

「我發誓以後我不再發脾氣了。」

「得了吧，我並不是真的想要你的錢，你出身那麼寒酸，父親還因為不還人家的錢而臭名遠揚。」

「你這個可惡的惡棍。你怎麼能夠侮辱我家人！」

「看見了吧，這可又是十美元。」

看到這位候選人垂頭喪氣的樣子，他的參謀說：「現在你應該明白了吧，控制自己的憤怒和不良情緒並不那麼容易，你需要隨時留心和時時在意。十美元只是小事，但是如果你每發一次脾氣就會丟掉一張選票的話，那損失可真的就大了。」

雖然這只是一個笑話，但是不可否認我們的情緒的確影響著我們的前途。為了更好地適應社會，取得成功，我們必須學會調整自己的情緒，控制自己的脾氣，理智冷靜地處理所有的問題。

唯有能夠調控自己情緒的人，才是自己的主人，才能更加平穩地走向成功。而自己也不會因為情緒的波動影響心情，讓自己活在輕鬆愜意的氛圍中。

法則15．任何人都不是你的出氣筒

當一個人的情緒變壞時，潛意識會驅使他選擇一個無法還擊的弱者來發洩情緒。讓對方成為自己的出氣筒也許並不是他的本意，可是一旦遷怒於人，別人就會因此受到傷害。為小事生氣已經很不應該，如果你再將自己的怒火轉嫁到別人的身上，讓原本無辜的人受到傷害，那就是錯上加錯了。

人很容易受到情緒的控制，在我們生氣時，體內的負面情緒會越積越多，如果不找一個出口發洩一番就會渾身難受。而這個時候我們第一時間所找的發洩對象卻常常是與自己情緒無關的那個無辜者，我們把情緒轉嫁到了一個不相干的人身上，而這個人出於情感或者利益因素無力反抗，進而承受了自己不應該承受的壞心情。當他受到壞心情的左右也需要一個出氣筒時，傷害會再次向下轉移，進而讓越來越多與事件毫不相干的人受到牽連，形成一個惡性「食物鏈」。這種尋找出氣筒的連鎖反應被稱為「踢貓效應」。下面，就讓我們一起來看看最無辜的貓是如何受到傷害的吧。

董事長因為公司業績的下滑一籌莫展。他決心對公司進行整頓，於是召開會議，讓全體員工自覺樹立主人翁意識，並且以自己為表率杜絕遲到早退的現象。董事長的出發點當然是好的，可是沒過兩天他就因為在午餐時間看報紙看得太入迷而忘了時間。等他意識到時，大吃一驚：「我必須在十分鐘內趕回辦公室！」於是，他衝到停車場，跳進汽車，並且以時速九十公里的速度在公路上飛馳，結果卻因為超速被交通警察開了罰單。

這位董事長非常憤怒和不滿：「我是善良、守法的公民，這個員警居然給我開罰單。他該做的是去抓小偷、強盜和罪犯，而不是找納稅人的麻煩。」

憤怒的他回到公司，為了轉移大家的注意力，他一進辦公室就把銷售部經理叫進來，生氣地詢問銷售業績。得知業績並不好，董事長的怒火終於爆發了。他衝著銷售經理大聲吼道：「我已經付了你十年薪水，好不容易有一次機會做大生意，而你卻把它弄丟了。你最好把這筆生意搶回來，否則我就開除你！」

銷售經理走出董事長的辦公室，氣急敗壞地抱怨：「十年來我一直為公司賣力，我負責打理所有的生意，公司靠我才撐到今天。現在僅僅因為我失去一筆生意，他就要開除我，真是不可理喻！」盛怒之下的他把秘書叫進來找了個理由罵了一頓。

秘書非常氣憤地走出了經理辦公室，然後開始找接線生的麻煩。接線生受了一通無名的指責，也非常不痛快，心想：「我是這裡最辛苦的員工，待遇最低，我要同時做三件事，每次他們進度落後時，總要找我幫忙。要我幫忙還用這種態度，真是不公平。再說，他們也沒有本事用兩倍的工資找到任何人來接替我的工作。」

接線生的火氣在公司無處發洩，於是帶到了家裡。進屋之後，她猛然關上門，直接到兒子的房間。她看到兒子正躺在地板上看電視，襯衣破了一個大洞。她極度憤怒：「對你說多少次了，放學回家後要換上家居服。我給你吃，給你穿，送你到學校念書，還要做全部的家務，已經被折磨得半死，可是你什麼時候聽過話！」現在，再看看她的兒子吧。他走出房間嘀咕道：「媽媽真是莫名其妙。」就在這時，他的貓走到面前，和平時一樣在撕扯他的褲子。

「給我滾遠點！」小男孩狠狠地踢了貓一腳。

可以說，貓是這一連串事件中唯一無處發洩的對象，因為董事長的憤怒，由於連鎖反應，最後導致了接線生家裡的貓不明不白地被踢了一腳。

人的壞情緒就是這樣相互感染，相互傳遞的。一旦自己心中有了怒火，並將怒火發洩到其他人身上，就會引發一連串的連鎖反應，使越來越多無辜的人被捲進來。這種情形不僅不能使原本生氣的那個人心情轉好，還會連帶破壞了自己在下一個受害者心中的印象，使人際關係在不明不白中走向惡化。即使不是為了我們的心情或者人際關係，僅僅出於人道的考慮，我們也不應該將自己的怒火轉嫁給別人。因為每個人都是平等的，沒有任何人是你的出氣筒，即使他的地位不如你，情感離不開你，你也不能做出傷害對方的事。

生氣已經是一個錯誤的開始，為什麼還要讓它延續下去成為一個更大的災難呢？

法則16．莫拿生氣賭健康

生氣不僅僅是一種情緒問題，它還會影響一個人的健康，很多疾病就是因為體內過多的負面情緒累積所引起的。為了健康，我們應該讓自己的心胸開闊一點，別動不動就發脾氣。

生氣是一種十分不良的情緒，它會讓人心情低沉陰鬱，進而阻礙人與人情感的交流，接下來導致內疚與沮喪。因為生氣而憤怒的人會患高血壓、胃潰瘍、失眠等疾病，而情緒低落、容易生氣的人，其患癌症和神經衰弱的機率要比正常人大很多。特別是長期壓抑和極度不滿的情緒，例如恐懼、抑鬱、悲哀、仇恨、憤怒等情緒非常容易誘發癌症。

「情緒因數」是縮短壽命的隱形殺手，如同病毒一樣是人體中的一種心理毒素，會讓一個原本健康的人重病纏身，從此一蹶不振。

彼得完全被激怒了，他一把抓起電話，狠狠地將它丟出了辦公室。

他之所以會大動肝火，是因為他剛剛進行了一項改善自己團隊管理的活動，而在這個活動當中，他們團隊的工作任務並沒有很好地完成，這讓彼得的情緒變得非常壞。更不幸的是，不好的事情又接二連三地出現，於是，壞情緒越積越多，結果一股腦爆發了出來。

但最糟糕的還不只這些，暴怒過後，彼得開始胃痛，被同事送到醫院之後，醫生告訴他是胃出血，而這一切都是因為生氣造成的。

據研究表明，最後失去控制而大發雷霆的人，往往都經歷了一個情緒累積的過程。每一次的拒絕、侮辱或無禮的舉動，都會在人的心裡遺留下激發憤怒的殘留物。這些殘留物不斷地積澱，就會讓急躁的狀態不斷上升，直到失去最後一絲理智，就像彼得那樣徹底爆發，整個人對情緒的控制完全喪失。這種失控會為壞情緒找到兩個出口，一個是向外的，找一個出氣筒；另外一個是向內的，也就是你的身體。對外傷害的是別人，對內傷害的當然是你自己。

因為怒氣也是一種能量，而且是一種極其負面的能量，如果不加控制，就會氾濫成災。人的身體就像是一個十字路口，過度的火氣會讓交通堵塞。所以，對於自己的脾氣一定要加以控制。而消除負面情緒的最好方法不是向內壓抑和沉積，而是進行適時的疏導，把體內的負面情緒造成的毒素完全排出體外。當我們體內的情緒毒素被成功排出之後，我們的身體也會逐漸恢復健康。

弗蘭德先生身體狀況一度很糟糕，這一切都跟他的壞脾氣脫不了關係。因為經常動怒讓他的肝臟受到了傷害，接下來他的腎臟也出了問題。他為此找過好多醫生，但沒有一個人有辦法治好他。

過了一段時間，弗蘭德先生發現自己又得了另外一種併發症，他的血壓高了起來。他去看醫生，醫生說他的血壓達到了最高值，已經無藥可救了，並且通知他的家人準備料理後事。

弗蘭德的妻子和親朋好友都非常難過，弗蘭德先生本人更是深深地陷入沮喪的情緒裡無法自拔。此時的他已經沒有力氣生氣，但是頹廢的情緒籠罩著他的心靈，在整整一個星期的時間裡，弗蘭德先生都在自憐自艾。

一個星期之後的一天，弗蘭德先生突然頓悟，他覺得自己現在這個樣子簡直像個大傻瓜。他對自己說：「即使情況很糟糕，在一年之內你恐怕還不會死，那麼不如趁現在還活著，讓自己開開心心地度過吧！」想到這些，他決定改變自己的精神狀態。

首先，弗蘭德先生做的是弄清楚自己所有的保險金是否都已經付過了，然後他開始向上帝懺悔自己以前所犯過的種種錯誤。就這樣，他的心理負擔完全放下了。接著，他試著挺起胸膛，臉上也露出了微笑，盡力讓自己表現出看起來好像一切都很正常的樣子。雖然在開始的時候，做這些很費力，因為他可是出了名的壞脾氣。但是弗蘭德先生強迫自己很開心、很高興，因為他覺得這樣能讓自己的家人開心一些。

這樣過了一段時間，弗蘭德先生發現自己開始覺得好多了，幾乎不用裝就覺得自己的身心很輕鬆，於是他決定繼續下去。

又過了一段時間之後，原先以為已經躺在墳墓裡幾個月的弗蘭德先生不僅很快樂，而且恢復了健康。

經歷了這段日子以後，弗蘭德先生開始相信：如果自己一直想到會死、會垮掉而不開心的話，那麼醫生的預言就會應驗了。可是當他改變了自己的心情，調整了自己的情緒之後，他的心境開闊了，他不再為任何事情生氣或者動怒，因為沒有任何事會比死亡更讓人看得開。而當他看開之後，一切都改變了，並奇蹟般地恢復了健康。

「怒傷肝，喜傷心，思傷脾，憂傷肺，恐傷腎，悲傷胃」，消極否定的心理暗示常常會變成一種惡性循環，攪亂人的健康系統，而積極的心態則會將這種破壞現象撥亂反正。面對讓自己受傷的負面情緒，我們必須學會做一個清醒的人，不跟別人生氣，不跟自己賭氣，讓負面的情緒安全地釋放出去。這不僅有利於人際關係的和諧，更是對健康的一種自我保護，而你做為自己的主人，有義務讓自己的身體不受傷害。

法則17．為衝動買單不值得

衝動的行為會讓人在一瞬間做出令別人和自己都無法相信的事情。圖一時之快而讓身邊的人受到傷害，甚至傷害到自己，不僅得不償失，而且有時造成的惡果是我們自己都無法想像的，甚至是無法挽回的。

人們經常把「衝動是魔鬼」這句話掛在嘴邊，一是為了提醒盛怒中的人們保持理智，二是為了讓自己更加清醒，避免自己的一時衝動造成無法挽回的後果。但是，對於大多數的人而言，當脾氣上來之後，是很難一下子讓自己冷靜下來的，最後不得不為自己的衝動買單。

馬克其實是一個很正直的人，沒有什麼心機，心裡怎麼想的就怎麼說，簡單地說，他說話做事都是率性而為，而且容易衝動。

「我不覺得這樣有什麼不好，如果一個人總是看別人的臉色過日子，那不是太辛苦了嗎？」家人和朋友勸說他的時候，他總是這樣理直氣壯地回答。

不管是在家裡還是在公司，也不管對方是誰，當時是什麼場合，只要馬克的脾氣上來了，他就會不加克制地說出內心的想法，甚至勃然大怒，有時弄得別人非常尷尬。知道他脾氣的人不和他計較，但是更多的人還是不喜歡他，因為他們幾乎都因為馬克的某句話或者某個行為而遭遇尷尬，雖然大家都知道他沒有害人之心。

然而，他卻害了自己。

某一天，他和上司大吵了一架，並當著眾多同事的面，對上司大吼大叫，最後抓起自己的公事包，指著上司的鼻子大叫：「我就是不吃你這一套，我不幹了總可以吧！」

可是第二天他仍然要面對上司，因為他找不到更好的工作。從此以後，他一直做著無關緊要的工作，而其他的同事都已經紛紛升職或者加薪了。

有一位黑人作家說過：「你不能解決問題，你就會成為問題。」這就是馬克個性衝動造成的結果，他非但沒有解決問題，反而讓自己成為了問題。其實每個人都和他想的一樣，都不想看別人的臉色而生活，都想率性而為，有什麼就說什麼。但是人生在世，如果我們真的放任自己的脾氣，動不動就讓自己衝動一回，那我們的人生並不會好過，因為大家都這麼做，生活就會時刻充斥著一種火藥味，哪裡還有平靜安康可言呢？

所以，無論如何，我們要學會控制自己的情緒，不讓「衝動」出來搞破壞。因為我們的一時之快，造成的傷害是無法彌補的，即使情緒過後，我們的心情已經恢復如初，但是我們衝動之下遺留的傷口還在那裡。即使好了也會留下傷疤，每每看到都會讓人怵目驚心。

有一個小男孩，常常無緣無故地發脾氣。一天，他的父親為了告誡他，衝動行為是多麼的可怕，就給了他一大包釘子，讓他每發一次脾氣都用鐵錘釘一個釘子在他家後院的柵欄上。

第一天的時候，小男孩的心裡彷彿有非常多的氣，他一口氣在柵欄上釘了37個釘子。

但是隨著時間的推移，小男孩漸漸學會了控制自己的壞脾氣，每天在柵欄上釘釘子的數目越來越少了。因為他發現控制自己的衝動要比在柵欄上釘釘子要容易得多。最後，這個小男孩也變得不愛發脾氣了。

不再往柵欄上釘釘子之後，他將自己的轉變告訴了父親。父親又對他說：「從現在開始，只要你一天不發脾氣就從柵欄上面拔一個釘子下來。」

小男孩又照著父親的要求去做了，直到有一天柵欄上面的釘子全部拔完。

當小男孩拔出最後一個釘子的時候，父親拉著他的手來到柵欄邊，指著柵欄對他說：「孩子，你做得非常好。現在你已經不會因為生氣而做一些衝動的事情了。可是，我

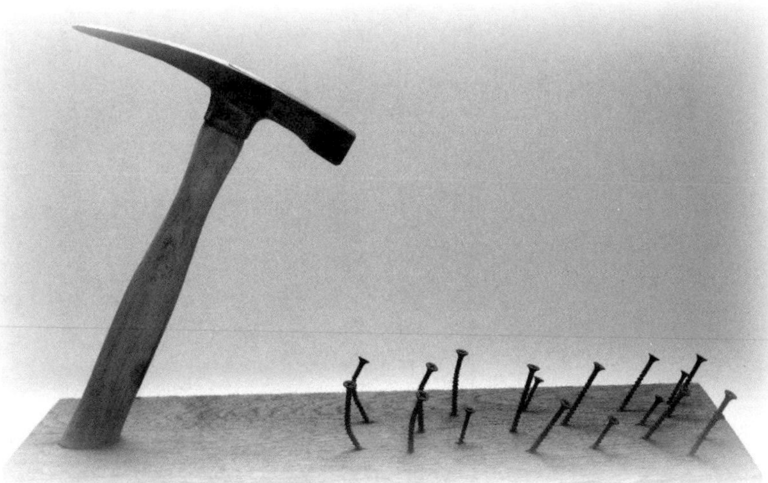

還要告訴你，你因為自己的衝動在柵欄上留下的那麼多小孔，即使你已經不再釘釘子，柵欄也不會恢復到原來的樣子了，因為小孔是會一直存在下去的。這就像你的脾氣，當你因為一時衝動向別人發過脾氣之後，你的言語和行為就像這些釘孔一樣，會在人們的心靈中留下傷疤。無論你為自己的衝動造成的惡果說多少次對不起，那傷口都會永遠留在那裡。」

培根說：「憤怒，就像地雷，碰到任何東西都一同毀滅。」衝動會使我們給別人造成無法彌補的傷害，即使再多的補償往往也無濟於事，所以在我們生氣想要發脾氣的時候，先停下來給自己做做深呼吸，像傑弗遜說的那樣：「在你生氣的時候，如果你要講話，先從一數到十；假如你非常憤怒，那就先數到一百然後再講話。」我們必須清楚，我們不能被那個「魔鬼」纏上自己，因為它的破壞力遠比你想像的大得多。

法則18．用最安全的方式宣洩情緒

人的情緒就像是一個河道，我們要保持河道的通暢就必須即時疏通。壓抑絕對不是好方法，可能會造成情緒的崩潰，最終釀成大錯。所以，如果你心情鬱悶，就盡情地發洩出來吧，不過記得要用安全的方式才行。

我們好像一直在強調生氣不是好事，要求自己學會制怒，不要衝動。但是，人總歸是會有情緒的，並且可以影響我們情緒的事情實在是太多了，我們不可能任何時候都保持冷靜鎮定。

千萬不要以為控制情緒的最好方式是所謂的「喜怒不形於色」，不讓任何感情流露出來並不是真正的冷靜鎮定，而是對生活的一種無聲對抗。喜怒哀樂本來就是人類固有的情緒，而情緒的豐富性也是人生的重要內容。生活如果缺少了那些豐富而生動的情緒，必將會變得呆板而沒有生氣。如果大家將「喜怒哀樂不入於胸次」當成是控制情緒的標準，就會逐漸變得沒有好惡，也沒有情感，這與機器人又有什麼區別呢？

我們是要做情緒的主人，但前提是我們必須有情緒才行。人之所以不同於機器，是因為有血有肉、富有感情，也只有如此，人與人之間才能展開有效的交流，才會有心靈的溝通。因此，強行壓抑和抹殺自己的情緒，強制自己變得表情呆板和情緒漠然，並不是感情的成熟，而是一種情緒的退化，是一種心理病態的表現。

那些表面上看起來好像已經控制住自己情緒的人，實際上很大一部分是將情緒從表面轉到了內心。

這是一種非常危險的狀態，因為任何不良情緒一旦產生，就不會自行消失，它一定會尋找一個管道發洩出來。而當它受到外部壓制不能自由宣洩時，就會在人的體內作祟，危害人的心理和精神，給人造成更大的危害。因此，在我們感到壓抑的時候，一定要給自己找一個合適的宣洩管道。

某一天的深夜，電話鈴聲響起，主人拿起聽筒，傳來的卻是一個陌生女人的聲音。這個聲音情緒激動，她帶著憤怒說：「我簡直恨透了我的丈夫。」

「對不起，我想妳打錯電話了。」電話主人告訴那個女人。

但是，那個情緒激動的女人好像完全沒有聽見，她繼續滔滔不絕地說下去：「我從早忙到晚，要照顧小孩，打理家事，家裡所有的事情都是我在做，連我有時候想獨自出去散散心他都不肯。但是他自己呢，每天下班不回家，說是有應酬，鬼才會相信他的話！」

「對不起，女士。」主人試圖再次打斷她的話，「我想我根本不認識妳。」

「你當然不可能認識我，」那個女人的聲音已經平靜了許多，「我也不認識你，現在我把壓在心裡的不滿都說了出來，整個人舒服多了，非常謝謝你，很抱歉打擾你了。」說著，她便掛斷了電話。

也許接電話的人一開始覺得莫名其妙，可是當他聽完女人的發洩，並且意識到對方因此而變得輕鬆愉快的時候，想必那個人也會覺得釋然了。生活中，幾乎每個人都會產生這樣或那樣的不良情緒，都難免受到各種不良情緒的刺激和傷害，所以他也就頗能理解對方的心理感受，從而原諒對方的失禮行為。

當然，我們要說的是，情緒必須找到一個出口來釋放，並不是說這個女人的宣洩途徑一定是正確的。她畢竟在深夜吵到了別人，影響了別人的休息和心情，是欠考慮的。

宣洩情緒有利於我們的身心健康，但是宣洩的途徑當然更加重要，我們不能讓別人成為自己情緒的代罪羔羊。因此，選擇一個對人對己都有利的宣洩途徑是非常重要的。為了不給自己和別人造成傷害，我們要選擇最安全的方式來達成自己的目的。

有一個非常著名的宣洩方式，它來自於一位日本老闆。為了讓自己的員工釋放不滿情緒，以更加專注和積極的態度投入工作當中，他想出了一個奇招。他為員工專門開闢出一個出氣房間，在這個房間擺了幾個公司主管的巨幅照片以及用自己形象為模型製作的橡皮人。任何心裡有不滿和怨氣的員工都可以隨時進去對著上司照片大罵或對「橡皮老闆」大打出手，當罵完打過以後，員工的怒氣通常也就消滅了大半。

這種方式非常奏效，因為這期間上司和老闆並沒有受到真正的人身傷害，而員工自己的情緒也大為好轉。負面情緒沒有了，工作效率當然也就更高了。

當然，並不是所有好心的老闆都會做個橡皮人讓員工痛打一頓，在很多時候，宣洩情緒需要我們自己去找出路。我們可以在自己家裡放幾個布娃娃之類的東西讓自己發洩，也可以透過轉移注意力的方式讓情緒慢慢平復，聽聽音樂、唱唱歌、看看書、逛逛街、找人傾訴……發洩的方式有很多種，至於哪一種對你最有效，恐怕只有你自己最清楚。

做為一個心智成熟的人，請你選擇一個安全的方式來發洩。在不會「害人害己」的情況下，給情緒找一個合適的出口，是一種智慧的表現。

法則19・事情已發生，生氣也沒用

在事情發生之前我們要做的是避免它的發生，但是在發生之後，我們要做的是保持清醒，盡量減少它所帶來的損失，而不是一味地站在那裡生氣或者發脾氣。這樣不僅不能解決問題，還會浪費解決問題的時間，甚至造成更大的問題。如果我們夠明智，那就請在事情發生之後，接受它，並將精力放在後續工作的處理上吧。

在阿姆斯特丹的一座建造於十五世紀的老教堂的廢墟上有這樣一行字：「事情既然如此，就不會另有他樣。」事情就是這樣，既然已經發生，無論你怎麼生氣和憤怒，它都不會有所改變。對於既成的事實，如果我們繼續糾纏下去，只會讓它毀掉我們的生活，消耗掉我們處理後續工作的精力。

但是，我們還有另外一種選擇，那就是將它當作一種不可避免的情況加以接受，並且適應它。在我們樂於接受這一既成事實的同時，我們也邁出了克服隨之而來的任何不幸的第一步。

在紐約市中心的一座辦公大樓裡，有一個貨梯管理員的人，他是一個殘疾人，左手被砍斷了。

一天，有一個送貨的人問他：「你少了一隻手，會不會覺得痛苦或氣憤呢？」

斷臂的貨梯管理員笑著說：「不會的，一般情況下我根本就不會想到它。只有在需要做一些穿針引線的工作時，我才會想起這件事情來。」

斷臂的貨梯管理員顯然是一個ＥＱ很高的人，他並沒有將過多的情緒放在已經發生且不可挽回的事情上。少了一隻手，他依然還要生活，所以他並不為此跟自己嘔氣。

從西元前399年開始，就有這樣一句話開始流傳——對必然之事，且輕快地加以承受。這是智者的思想精華，也是對我們的一種勸慰。在這個充滿憂慮和焦躁的世界，今天的我們比以往任何時候都更需要這句話。

沒有任何一個人能有足夠的情感和精力，既抗拒不可避免的事實，又能利用足夠的情感和精力去創造未來的新生活。我們只能在這兩者當中選擇其一，可以選擇在面對生活中那些不可避免的暴風雨時，識時務地彎下自己的身子冷靜地抵禦傷害；也可以憤怒、怨天尤人，等待被它摧毀。而聰明的人，當然會選擇前者。

邁克是一位非常勤奮的青年，在一家酒店裡工作，雖然收入並不多，卻絲毫不影響他那快樂的心境。

汽車是邁克的最愛，但他只是一個普通的酒店員工，憑現在的收入和積蓄，想要買車幾乎是件不可能的事情。可是這種想法卻一直縈繞在邁克的腦海，他經常跟朋友說：「我要是能有一輛汽車該多好啊！」每當他說這些話的時候，眼中就會充滿無限的嚮往。

有一次，他又說起了自己的理想，朋友開玩笑地說：「既然你這麼想買車，不如你去買彩券吧，如果中了大獎，那你不是就可以買車了嗎？」

邁克採納了朋友的建議，用2美元買了一張彩券。上帝可能知道邁克太想要一輛車了，於是讓他的彩券中了大獎，剛好能買那輛他心儀了很久的汽車。

就這樣，邁克實現了自己的願望。

從這以後，人們經常看到他吹著口哨在林蔭道上開著擦得一塵不染的車子行駛。

一天，邁克把車停在樓下，等到下樓時，卻發現自己心愛的汽車被偷走了。

剛開始，邁克對此非常氣憤，他簡直恨透了那個偷車賊，以致於一整夜都沒有睡好覺。但是到了第二天早晨的時候，他又變得很開心了。

朋友得知邁克汽車被盜的消息，想到他如此愛車如命，又是好不容易花那麼多錢買的車，一轉眼的工夫就沒了，很擔心他承受不了這個打擊，便一大早跑來安慰他。

朋友說：「邁克，車丟了，你千萬不要著急生氣啊！」

邁克卻大笑起來：「我為什麼要生氣呢？」

朋友非常納悶，難道邁克急糊塗了？

邁克看到朋友一頭霧水，就笑著解釋道：「如果你們不小心丟了2美元，會急得寢食難安嗎？」

「當然不會！」朋友說。

「那麼，我也不會生氣的，因為我丟的就是2美元。」邁克笑著說。

是的，沒有人會2美元而生氣。邁克之所以過得快樂，就是因為他能夠成功駕馭生活中的負面情緒，讓自己盡快地從中脫離出來，然後開始自己的新生活。正如俗話所說：「為誤了頭一班火車而懊悔不已的人，肯定還會錯過下一班火車。」邁克可不願意成為那樣的人。

過去的就是過去了，沒有了就是沒有了。如果你認為青春流逝會讓你的生活變糟的話，那麼在幸福生活來臨之前你已經變得衰老了。同樣的道理，如果你認為這一次的損失會讓自己一無所有，你真的就會什麼都沒有，但在事實上，你還有下一次機會。

法則20．平心靜氣才能解決問題

容易生氣的人，情緒往往是不穩定的，而當人的情緒不穩定時，就沒有辦法冷靜清晰地去思考問題。為了不讓已經做錯的事情朝著更壞的方向發展，我們必須平心靜氣地去尋找解決問題的方法。

很多人都有這樣的經歷，那就是倒楣的事情往往是接連發生的，而我們常常以為是自己運氣欠佳。其實從心理學的角度分析，我們一連串的不幸通常是因為第一件事情沒有處理好而引發的。

當我們遇到了一件令自己不愉快的事情，這件事情產生的負面情緒就會影響到我們對下一件事情的判斷，於是帶著情緒去做的第二件事情，進而是第三件、第四件……這樣惡性循環下去，幾乎一天當中所有倒楣的事情都找上了你，不幸也就是這樣產生的。

艾麗是一名非常有實力的運動員，在這次的運動會上她被公認是奪冠的最佳人選，在她一進場時就引起了大家的齊聲歡呼。受到如此的歡迎，她自己當然非常興奮，忍不住地跟大家揮手致意。

不料，正當她興奮地揮手時卻沒有注意到腳下的臺階，不小心被臺階絆了一下，一下子摔倒了。

面對滿場觀眾，艾麗出了如此大的糗，頓時覺得十分沒面子，心裡立刻升騰起一種羞愧難當的感覺。直到比賽開始，艾麗都沒能進入狀態，依然在剛才那丟人的一幕中掙扎。因為情緒波動太大，她沒能將自己的真實水準發揮出來，於是從奪冠大熱門淪為了排名在後的選手。

可見，在關鍵時刻保持冷靜是多麼重要的一件事，如果我們不能駕馭自己的情緒，必將被它所駕馭。因此，要保持理智的思考，我們就需要在自己的頭腦中裝上一個控制情緒活動的「閥門」，讓我們的情緒活動聽從理智和意志的節制。只有這樣，才能保持基本的情緒平靜和穩定，而這也是一個人取得成功的關鍵。

東京電信公司曾經處理過一次非常有名的事件。這個事件雖然很小，但是影響力非常大。當時一位怒氣洶洶的客戶對接線生破口大罵，顯然這位客戶已經怒火中燒，他威脅說，要把自己家的電話連線拔起，因為他認為電信公司的收費不合標準，甚至無中生有。

當這位客戶拒絕繳付那些費用時，接線生的態度表現得很強硬，甚至出言頂撞，這讓他大發雷霆。

事情似乎到了不可收拾的地步，因為這位憤怒的客戶寫信給報社，並無數次到公共服務委員會投訴電信公司，這讓電信公司的處境變得很尷尬。最後，東京電信公司派出一位最幹練的調解員去會見這位客戶。

這位調解員來到客戶的家裡，向他介紹一下自己的身分，之後就不再做任何解釋。他讓客戶痛快地將自己的所有不滿發洩出來，在六個小時的會面過程中，調解員只是心平氣和地靜靜聆聽著，並且不斷地說「是的」，對客戶所有的不滿表示認同。

接下來的幾天，調解員每天都去和這位客戶會面，在第四次會面結束後，客戶已經平靜了下來，而且繳清了所有的費用。

同事們問這個調解員是如何做到的，他回答說：「我並沒有做任何事情，甚至在第一次見面的時候，我連去見他的來意都沒有說明，只是在認真地聽他講話。第四次的時候，他已經完全沒有了怒氣，事情就這樣解決了。他不但把所有的帳單都付清了，而且撤銷了對我們的申訴。」

那個客戶所要的不過是一種重要人物的感覺，但是從接線生那裡他並沒有得到，這讓他情緒變得激動。

在這種情況下，調解員並沒有做過多的解釋，因為那不是客戶所需要的。他只是平心靜氣地去聽客戶的牢騷和不滿，不管客戶發多大的脾氣他都保持平和與真誠，這讓客戶感受到了自己被尊重以及對方的誠意，所以事情也就迎刃而解了。

在處理這一問題時，調解員非常清楚，此時的客戶是不冷靜的，如果自己不去冷靜對待的話，只能讓事態變得更加嚴重，如同在已經燒起來的火上添一把柴。只有自己先平靜下來，對方才能受到自己平靜心情的感染，逐漸平復情緒，然後坐下來談事情。

在我們因為一件事情變得過於激動時，就沒有辦法騰出精力去思考問題，因為我們的精力都被壞情緒佔用了，想要解決問題，就必須趕走它才行。

我們不妨做一個深呼吸，先冷靜一下頭腦，然後再去進行後續的工作，那些「不幸」就會減少很多。

法則21．寬容是一種無需投資便能獲得回報的精神補品

寬容不僅是對別人的一種原諒，也是給自己的一份福氣，更是人生中的一種哲學。心胸豁達對改善人際關係和身心健康都是有益的，它可以消除人為的緊張，可以癒合不愉快的創傷，可以讓我們少背負一些情感債。一個人的雙肩輕鬆，那麼他的道路是不是會比別人走得更順暢、更平穩呢？

心胸豁達的人往往是最受人喜歡的，因為他不會為小事跟別人計較。這會讓更多的人願意與他接近，願意成為他的朋友，進而為他赴湯蹈火。這是一個漸進的過程，而這個過程卻是從你原諒別人的一件小事開始的。由此看來，寬容不僅能讓你減少心理負擔，還會讓你心曠神怡。

一個心胸豁達懂得寬容忍讓的人往往有著良好的「心理外殼」，他不會讓一些負面情緒去影響自己的心情，進而保護了自我。一個心胸狹窄、不願意原諒別人的人，心理的自我保護能力其實是極差的，因為無法容忍別人的過失，很有可能因為一點點小事就弄得自己心理崩潰，讓自己淪為一個不幸的人。

我們經常會在自己的腦子裡預設了一些規定，規定著別人應該有什麼樣的行為。如果對方違

反了這種規定就會很自然地引起我們的怨恨。事實上，因為別人對我們的「規定」肆意踐踏或置之不理，就感到怨恨，是一件非常可笑的事。別人根本就不知道我們的規定是什麼，更別說去遵守它了。

我們在內心深處經常有這樣的暗示，以為只要我們不原諒對方，就能讓對方得到一些教訓。我們想當然地以為別人會為此感到內疚，時時刻刻想著得到我們的寬恕，只要我們不原諒他，他就沒有好日子過。一旦現實沒有達到我們的心理訴求時，我們的情緒堡壘就會崩潰。

這其實是一種自我破壞的表現。大量事實證明，過於苛求別人或者自己的人，必定會讓自身經常處於一種緊張的心理狀態之中。相反，如果我們選擇寬恕別人，我們的內心便會經歷一次巨大的轉變和淨化，讓心境為之開朗，也使得人際關係出現了新的轉機，諸多憂愁煩悶也隨之避免或消除。

在學校裡，孩子們都認為瑪利亞是一個嚴厲的老師，在她面前拘謹而又膽怯，連交談都不願意。

瑪利亞自己也不想造成這樣的局面，她覺得自己都是一片好心。為了讓這些孩子好好學習，瑪利亞對他們的要求非常嚴格，甚至有些苛刻。只要有誰犯了錯誤，她都會毫不留情地提出批評和懲罰。然而，她的教學效果並沒有像自己希望的那樣。瑪利亞感覺自己就是一個垂頭喪氣的失敗者，她對工作漸漸失去了信心，生活也隨之變得沉悶乏味。

「要是我能少一點批評，多一點寬容呢？」有一天，瑪利亞突然這樣想。

於是，她開始了這項實驗。

一天上午，瑪利亞換了一套色彩鮮亮的衣服，並且帶著微笑來到學校。在通往教室的路上，瑪利亞被從後面突然飛過來的一個皮球重重地砸到了後背。這一突發狀況將她嚇了一跳，回頭一看，原來是她的學生彼得。這個調皮好動的孩子看到是瑪利亞立刻惶恐地從地上撿起球，然後嚇傻了一樣站在她面前。

瑪利亞本來很生氣，要是在以前她一定會狠狠地訓斥他，可是今天她並不準備這麼做。她聳了聳肩，做出一個輕鬆的表情，彼得道了聲對不起便跑開了。

上課的時候，瑪利亞沒有挑剔學生們的坐姿是否端正，回答問題是否用詞準確，注意力是否足夠集中，她甚至連沒交作業的學生都沒有批評，只是提醒他們一定補上。一整天瑪利亞都在用樂觀寬容的心態與大家相處。

放學時，一向羞澀的女學生珍妮對她說：「老師，您今天真漂亮！」

瑪利亞自己呢？她從來沒有像今天這樣愉快和有信心過，她的學生們變得可愛極了，他們回答問題非常踴躍，而且反應敏捷、注意力集中。

瑪利亞知道自己的實驗成功了，這讓她明白了生活中的一個道理：保持寬容。

很多時候，我們對別人苛刻的真正受害人往往是我們自己，我們為此生了一肚子窩囊氣不說，甚至連睡都睡不好。不僅打擊了自己的自信，而且還會悶出病來。所以，明智的人是不會做這種傻事的，他們不會讓自己陷入心胸狹隘的泥沼，他們明白，寬容無論對人對己，都是一種無需投資便能獲得的精神補品。他們願意主動原諒別人，因為他們不想難為自己。

心胸的豁達表現出一種博大和一種境界，正如雨果所說：「世界上最寬闊的是海洋，比海洋寬闊的是天空，比天空更寬闊的是人的胸懷。」也許我們的心胸不能像大海和天空那樣寬廣，但是為了我們的幸福，請盡量讓它再開闊一些吧！

法則22 · 笑口常開才能擁有美好人生

生活中令我們生氣和遺憾的事情太多了，如果沉浸其中我們就沒有力氣再去做其他的事情。不如選擇笑著面對生活，那樣我們的身體就會隨時注滿能量。能量充沛了，心靈就會變得輕盈多了，美好的未來自然也不會太遠了。

如果有人問：「為什麼這種事要發生在我的身上？」都只能得到一種回答：「為什麼不能？」因為上天不偏愛任何人，只要是人，都難免會經歷不幸和坎坷。但是，即便我們不能控制生活中的不幸和坎坷，我們的人生依然有兩種選擇，那就是快樂和不快樂。

當然，快樂並不是一件容易的事情，因為生活給了我們太多的挫折、不幸與苦難。面對這些不如意，抱怨和賭氣毫無意義，應該學會對生活微笑，因為它只給笑著的人「糖」吃。

二十一歲的魯本在一次戰爭中雙目受傷。痛苦瞬間降臨在這個充滿朝氣的年輕人身上，但一直堅強的他仍然樂觀地活著。在戰地醫院裡，魯本跟其他病人說說笑笑，從來不把自己當一個病人，儘管他的眼睛很痛，但他還是笑著跟每個人打招呼。

魯本常把自己應得的香菸和糖果配額分送給其他病友，還給他們講笑話，使病房裡充滿了笑聲。

醫生們為了治好魯本的眼睛幾乎盡了全力，但是他傷得太重了，根本不可能痊癒。一天清早，主治醫生來到魯本的病床前，遺憾地對他說：「你好，魯本，我不喜歡對病人隱瞞實情。」醫生艱難地說，「很抱歉，我必須告訴你，你將永遠失明……」

聽到這個噩耗，魯本沉默了，時間瞬間凝固了，每個人都在屏息注視著魯本，擔心他會想不開。魯本卻表現得很平靜，他對醫生說：「對於這一點我早有準備，謝謝您一直沒有放棄我，為我做了這麼多。」

幾分鐘之後，魯本轉頭笑著對他的病友們說：「畢竟，我還找不出任何讓自己絕望的理由。我沒有了眼睛，卻還可以聽和說、還有腳能走路、還有一雙靈活的手，我想以後政府還會幫助我學會一門技藝讓我可以安身立命。我會改變自己，習慣這種狀態，因為我還要迎接新的生活。」

魯本就是這樣一個人，雖然失明，但是仍然能笑對生活，他對未來充滿了憧憬，他寧願為幸福而奔忙，也不願去詛咒現實的殘酷。很多年以後，人們看到了一個笑口常開的盲人，他以精湛的技藝受到了大家的尊重，即使戴著墨鏡，但是他臉上燦爛的笑容從來不會被遮住。

命運喜歡跟人開玩笑，它用不幸去試探每個人，看他們做何反應，如果你哭了，就會將你欺負到底，如果你依然保持微笑，就會敬佩並扶持你。在命運的打擊下依然能帶著疼痛微笑的人是值得尊重的，受到多大的傷痛也許只有他們自己最清楚，可是這種傷痛也才讓他們更加感受到生命的可貴。既然還活著，那就沒有理由不讓自己活得更好。

愛麗娜的一生幾乎經歷了一個普通女人所能經受的所有不幸：在她很小的時候，父母就先後病逝了；長大後，好不容易找到了一份工作，又被別人給擠掉了；後來嫁了一個當軍官的丈夫，但婆婆卻對她非常苛刻；婆婆過世之後，自己的丈夫有了外遇棄她而去，留她獨自撫養自己的女兒。她的人生才過了一半就已經滿目瘡痍，但是，人們卻從來沒有看見她哭過，相反，她的臉上總是帶著微笑。

一個陽光燦爛的午後，愛麗娜的一位朋友去她家坐坐，女兒和朋友的孩子在一邊玩耍。在她們聊天的時候，朋友看到愛麗娜的女兒不經意間觸動了往事，不由得感嘆她在遭遇這麼多挫折之後，卻仍然能活得如此平和快樂。愛麗娜笑了笑，沒有做過多地解釋，只是給朋友說了一個故事：很久以前，有兩個人去非洲打獵，在回來的途中碰到了一頭獅子，其中一個人被獅子咬傷了，另外一個人就問他：「你覺得疼嗎？」被咬傷的人說：「只有當我笑的時候才會感覺到疼。」

「其實我跟這個被咬傷的人一樣，」愛麗娜對朋友笑道，「我被生活這頭獅子咬了很多口，但我做人的一貫原則是：忍著疼痛，堅持去動。不管笑也好，哭也好，只要有感覺就有生命，只要有生命就有靈魂，只要有靈魂就有生存的意義、希望和幸福。」

朋友驚訝地望著愛麗娜那張經歷了滄桑的臉，彷彿那是一方視線極其開闊的天窗，外面的世界一覽無遺。

一個人能夠平平安安度過一生是莫大的福氣，可是這種福氣不是每個人都能擁有的。我們不能阻止災難的發生，但是面對災難我們卻可以選擇保持樂觀和積極的心態。

擁有好運並不一定是福氣，總有那麼多身在福中不知福的人；而擁有一顆堅強的心去笑著面對生活才是真正的幸運。因為無論在任何時候，遇到任何挫折與不幸，都能保持微笑，勇敢地走下去，這才是一個人真正的福祉。

Chapter 3

不喪氣才能有朝氣

如果我們低下了頭，又怎麼可能看得清楚前方的路呢？垂頭喪氣的人不僅看上去沒有活力和朝氣，而且連自己的未來也一併賠了進去。因為你已經被命運打垮了，它可是不會優待俘虜的。

法則23．垂頭喪氣的人看不到未來

真正的世界末日不是失敗和災難的降臨，而是我們對未來失去了信心和希望，變得垂頭喪氣、止步不前。

生活中的確有很多讓人喪氣的事情，失業、破產、失戀、意外，這些把人狠狠打壓在命運的底層，讓人窒息，看不到希望。但是如果我們這樣就被命運打垮，那就真的只能做命運的奴隸了。試想一個奴隸會是什麼樣子呢？沉浸在自己的失敗和失望中無法自拔，最後連自己都失掉了。生活依然如此，我們為什麼還要執著於痛苦？

雖然時間是一劑良藥，但是痛苦並不會自動消滅，它需要我們的努力，才能逃離沮喪的泥沼，迎接嶄新的明天。泰戈爾在他的一首詩裡是這樣寫的：「你知道，你愛惜，花兒努力地開；你不知，你厭惡，花兒努力地開。」是的，花兒都在努力地開，做為一個有思想、有理想、有夢想的人為什麼連一朵花都不如呢？要知道，綻放是我們自己的事，是不需要任何理由的。

有位商人經營失敗，變得負債累累。他覺得世界上再也沒有比自己更倒楣的人了，終日神情沮喪、委靡不振。

直到有一天，他在街上偶遇了一個失去雙腿的殘疾人。他看到那殘疾人一邊用拐杖艱難地挪動身體，一邊在微笑。而且當殘疾人經過他身邊的時候，竟然神采飛揚地向他道早安。這讓他頓時覺得羞愧極了。

回到家裡，他立刻在最醒目的地方寫下了這樣一行字：「你抱怨，你難過，日子一天天地過；你快活，你歡樂，日子也是一天天地過去，那麼，為什麼不選擇後者呢？」

沮喪的心情會無限制地蔓延，它讓我們無法正常工作，快樂的生活變得遙不可及。所以，沮喪並不是什麼好心理，我們必須盡快擺脫它，使自己的生活重新步入正常的軌道。即使我們不知道未來的情況是不是真的會好轉，也要讓自己的心情先好起來。現實不能改變，至少我們還可以改變心態。

羅維爾．湯馬斯主演了一部影片，講述的是關於勞倫斯和艾倫貝在第一次世界大戰中出征的故事，影片獲得了非常熱烈的迴響。最讓他感到興奮的是，在這部影片中，攝影師用鏡頭記錄了他和幾名助手在前線拍攝的幾個戰爭片段，他們以影片的方式記錄了勞倫斯以及勞倫斯那支多采多姿的阿拉伯軍隊，同時也記錄了關於艾倫貝是如何將聖地征服的故事。在這部影片當中，湯馬斯有一個名為「巴勒斯坦的艾倫貝和阿拉伯的勞倫斯」的著名演講穿插其中，這個精彩演講在倫敦和全世界都引起了轟動。

因為這次精彩的演出，倫敦的卡文花園皇家歌劇院決定將正在上演的歌劇延後六個星期，他們將這段時間讓給了湯馬斯，僅僅為了放映他的這部影片，並且讓他繼續講這些冒險故事。

湯馬斯在倫敦獲得巨大的成功，之後他又帶著自己的影片在好幾個國家巡演。在成功的光環下，他準備用兩年的時間去拍攝一部在印度和阿富汗生活的紀錄片。

然而，這一次他卻沒有那麼幸運，一連串倒楣的事情開始發生在他的身上，而這些事情直接導致他的破產。風光無限的湯馬斯頓時成為一個窮光蛋，他的生活開始變得窘迫起來。他不得不告別以前的奢華生活，到街口的小飯館去吃非常便宜的食物。而這也是因為自己的朋友知名畫家詹姆士．麥克貝借給他錢，他才沒有被餓死。

挨餓還是小事，欠的債務才是湯馬斯真正要面臨的危機。他進入了一生當中最低落和最黑暗的時期，這些壓力差一點就將他壓垮了。好在湯馬斯的ＥＱ非常高，他雖然對目前的生活極度失望，但並沒有失去信心，他總覺得未來的生活不會是這樣。如果自己被這些倒楣的事情弄得垂頭喪氣的話，他就沒辦法努力地工作，更重要的是，在那些債權人眼裡他會變得一文不值。

所以，即使面臨如此大的人生危機，他依然選擇昂首挺胸，每天早上當他要出去辦事時，他都會為自己買一朵玫瑰花，將它插在自己的衣襟上，然後精神抖擻地上街。對他而言，挫折是整個成功的一部分，是為了迎接成功的到來所必須接受的有益訓練。

事實也的確如此，我們當然必須關心和關注我們存在的問題，但是在這個過程中我們自己卻不能沮喪。我們關心並關注它，是為了更好地解決它，而不是受它的影響。我們必須清楚生活是一種態度，面對挫折必須抬頭挺胸，這樣才不會被挫折打敗，才能看清楚未來的出路究竟在哪裡。

每個人都會遇到挫折和不幸，同樣，每個人也都有機會去獲得幸福。生活是現實的，不是你想怎樣就怎樣，但你可以決定自己的命運，只要你擁有良好的生活態度。培根曾說過：「人若云：我不知，我不能，此事難。當答之曰：學，為，試。」

法則24．誰都有做錯事的時候，請原諒自己

我們都是凡人，犯錯是常有的事情，誰也不能保證自己所做的沒有任何瑕疵。做了錯事就要承認錯誤，然後尋求改善的方法，之後請原諒自己。如果在錯誤中糾纏，只會浪費你的精力，耗竭你的自信，讓你變成一個自怨自艾的可憐蟲。

犯錯是一件再正常不過的事情，如果我們因為自己犯了錯誤而不原諒自己，就會陷入痛苦的泥潭。我們被一個錯誤糾纏著，對自己所犯的錯誤進行懺悔、抱怨，然後變得苦悶彷徨，害怕失敗，舉步不前，像一個失魂落魄的流浪者那樣迷失在自己的世界裡。

我們自身有很多可以避免的錯誤，往往讓人們懊悔不已，尤其是在一些看似能夠改變我們人生的重大問題上。我們由於自己的判斷失誤而犯了重大的錯誤，然後開始後悔自己當時的行為和決定，而且往往這種懊悔的情緒會維持相當長一段時間。在這段時間裡，我們幾乎無法正常工作和思考，犯錯誤的那一幕時時都會跳出來擾亂我們的情緒，讓人變得不開心。有的人甚至一輩子都在各種各樣錯誤的懊悔中度過，他們親手毀掉了自己本應幸福的一生。

梅里夫人是一個矮小而肥胖的女人，但是她的虛榮心很強，總希望自己在任何時候都受人歡迎、被人關注。

有一次，她穿戴得整整齊齊，頭戴高高的帽子，身上穿著有粉紅色蝴蝶結的晚禮服，胳膊上套著白色的手套，手中還拿著一根漂亮的尖頭手杖。她覺得自己的一切都很完美，以這身行頭出席將要舉辦的晚宴必定會大出風頭的。

梅里夫人這樣快樂地想著，卻沒有注意腳下的路。因為她的身材過於肥胖，在走路時，將很大一部分力量壓在本來只是裝飾作用的手杖上。手杖的頭很尖，在經過一條鬆散的石子路時，不小心戳進了地裡。由於手杖戳得非常深，梅里夫人一下子沒辦法將它撥出來。

她覺得有無數雙的眼睛在盯著自己，便想立刻拔出手杖逃離現場。她眼中含著惱怒的淚水，用盡全身的力氣終於將手杖拔了出來。可是由於用力過猛，在拔出手杖的同時，她也結結實實地跌坐在了地上。

原本美好的一天就這樣被毀掉了，梅里夫人在大庭廣眾之下，當著那麼多人的面出了醜，她無法原諒自己所犯的這種愚蠢錯誤，儘管這不是她有意的。她覺得別人都看到了，而且其中一定有人認識她，他們一定會在私下議論她，她會成為大家的笑柄，以後該怎麼面對自己的朋友們呢？

梅里夫人陷入了無止境的懊惱和悔恨中，她當然沒有去參加那個可以讓她大放異彩的宴會。因為那一跤已經讓她滿身泥濘，她灰頭土臉地跑回了家，然後將自己關在家中整整一星期都沒有出門。在以後很長一段時間裡她都無法面對自己的社交圈，只要她看到別人在交談，她都以為那是在談論自己所犯的愚蠢錯誤，她為此簡直要瘋掉了。

梅里夫人無疑是一個可憐的女人，因為她太過在意別人的看法了，所以她無法原諒自己那個對別人而言根本是微不足道的小錯誤。這只是件小事，可是對這個女人來說，它卻足以讓她無地自容。她一直不能原諒自己的無心之舉，於是讓自己在很長的一段時間裡悶悶不樂。即使隨著時間的推移讓她淡忘了，在每當想起那一幕時，同樣會讓她覺得羞愧，這種折磨是具有延續性的，它糾纏我們的時間越長給我們的身心帶來的傷害就越大。

其實我們很多人都在犯著「不肯原諒自己」的錯誤，我們在原來的錯誤上又添了一個更大的錯誤給自己。這個錯誤足以毀掉我們的人生，讓我們成為一個可悲可憐的人。

雖然每個人都希望自己的此生沒有遺憾，誰都想讓自己做的每一件事都是正確的。然而，每個人的一生中不可能不做錯事，也不可能一點彎路也不走。當我們做了錯事、走了彎路之後，有懊惱情緒是正常的表現，這說明我們還可以自我反省，它讓我們明白這種行為並不可取，也是我們改正錯誤的前提，因此這些屬於「積極的後悔」。

但是，後悔是不能過度的，過度的後悔會讓人沉浸在自責當中無法自拔，會影響我們的心境，也讓未來的道路無法正常前進。所以，我們需要適時地給予自己原諒，正確地對待錯誤，認真地改正錯誤，積極地擺脫錯誤，這才是犯錯之後的正確處理方式。

法則25．憂傷讓你無法自拔

「憂傷」這種慢性病毒，會讓一個原本生機勃勃的人變成行屍走肉。所以，我們必須想方設法擺脫這種病毒的糾纏，讓心靈重新振作起來。

生活中總是有很多讓人傷心難過的事情，這些事消耗著我們的精力，也讓我們沉浸在其中不能自拔。憂傷彷彿有一種魔力，你明知道它對你沒好處，卻還不聽使喚地跟隨它的指引並不斷靠近，直到自己的最後一點快樂、熱情和愛都被耗盡。當不再憂傷時，恐怕心已經空洞，那麼，活著的意義又在哪裡呢？所以，我們必須擺脫憂傷的糾纏。

地中海的一艘遊輪上，載滿了許多快樂乘客，他們大都是成雙成對來度假的年輕夫婦和情侶。這讓出現在人群當中的一位老婦人顯得非常搶眼，她看上去已經六十多歲了，而且形單影隻。可是，這位老婦人的臉上卻沒有一絲的尷尬和落寞，她臉上洋溢的是快樂的微笑，甚至比那些年輕人看上去更加春風得意。

老婦人是一個寡婦，這是她第一次到海上航行，而且沒有任何人的陪伴。但她卻並不覺得難過，因為她已經走出了人生中最悲慘的時光，現在她已經完全能笑著面對生活了。

在失去伴侶的那段日子裡，她曾經一蹶不振，終日以淚洗面。憂傷腐蝕著她脆弱的心靈，她變得憔悴不堪，每天沉浸在失去丈夫的悲傷中，每每想起過往的種種喜怒哀樂，都會讓她難以自持地痛哭流涕。她的孩子們對此非常擔心，但是他們都有自己的生活，沒有人能夠每天陪著母親，她一度覺得自己是這個世界上最不幸的人，她的人生已經完了。

無盡的憂傷沒有帶給她任何好處，她發現很快自己就成了不受歡迎的人。因為沒有人願意跟一個整日裡愁眉苦臉、自怨自艾的人待在一起，甚至連她自己都開始討厭這樣的自己了。於是她決定改變，要讓自己快樂起來。

她開始了曾經一度很熱衷的繪畫，這個興趣不僅陪伴她度過了那段悲傷的日子，而且還給她帶來了最大的報償，讓她擁有了獨立的事業。

在失去丈夫之後，她居然獲得了第二次的生命。她辛勤地作畫，用微笑代替憂傷，出門拜訪朋友，在這個時候，她會提醒自己露出歡樂的表情，用最自然的狀態跟朋友們談笑風生。就這樣，她成了大家歡迎的對象，朋友們開始爭相對她發出邀請，社區的活動中心也邀請她去辦畫展。

幾個月後，她登上了這艘遊輪，並且很快就成為船上最受歡迎的遊客，她對所有人都表示友好，但她從不介入別人的私人領域，也絕不依附於誰。無論走到哪裡，她都能製造出和諧的氛圍，受到大家的歡迎。

這位老婦人重新擁有了愉快的生活，因為她明白憂傷並不能解決任何問題，沉浸在憂傷之中並不能讓事實有所改變。她的丈夫已經離開，那些快樂的時光已經一去不復返，但是她卻可以重新擁有其他的快樂。只有讓幸福的信念住進自己的心田，不幸才會無處藏身。

我們每個人都是一樣，因為不幸或者我們不想看到的事情接連發生，讓我們無法擺脫殘酷現實的夢魘，我們習慣於沉浸在自怨自艾的憂傷中，這種逃避的行為，讓我們以為自己可以免受更大的傷害。但是事實遠非如此，即使我們的眼淚已經為此流乾，我們還是一樣地在生活當中，並且必須生活下去。

不管我們想要的人生是怎樣的，它都一定不是被眼淚充斥的，因為生活不相信眼淚。面對憂傷，做一些力所能及的事情，去改變一下自己的注意力，轉過頭先不去看那些讓我們憂傷懊惱的事情，找一些現在你能做並且可以做好的事情來重新建立自己的自信。它可以是一次探險、一個旅行、一幅畫作，甚至只是每天泡一杯咖啡或一頓可口的飯菜。

當命運偶爾忘了去眷顧你的時候，你要做的一定不是傷心流淚，而是自己眷顧自己、自己取悅自己，因為生活還在繼續，豈能傷心喪氣！

法則26．別為打翻的牛奶哭泣

覆水難收是令人遺憾的，因為其中有太多的不甘心，就像牛奶被打翻了一樣。可是我們不可能去改變已經發生的事情，唯一能使過去的錯誤產生價值的方法是——汲取教訓，然後忘掉它。

我們經常有這樣的體驗：一件本來不應該發生或者可以避免的事情發生在我們面前，我們眼睜睜地看著它卻無能為力，這時一種非常令人懊惱的情緒就會席捲我們的全身。進而我們在很長一段時間都會沉浸在沮喪當中，我們覺得自己實在太失敗了，對於生活和未來總有一種失落感和無力感。

這種感覺具有相當大的破壞力，讓我們無心工作，甚至對原本喜歡做的事情都失去了興趣。我們總是在後悔，後悔我們當初的決定、後悔為什麼沒有把事情做好、後悔在事情搞砸之前自己的荒唐行為，但無論如何，這些都於事無補。因為事情已經發生，傷害已經造成，無論我們怎麼傷心難過都是沒用的。

有一位執業多年的精神病學家，他在精神病學界享有很高的聲譽。在他即將退休時對自己的職業進行了總結，他發現在幫助自己改變生活方面最有用的老師其實只是四個字而已。而頭兩個字就是「要是」。他說：「我有很多病人，他們將時間都花在緬懷過往上，後悔自己當初該做而沒有做，或者沒有做好的事，他們最常說的是『要是我在那次面試前好好準備……』或者『要是我當初進的是會計系……』」

人的一生當中，最浪費時間的莫過於後悔。在後悔的海洋裡打滾是嚴重的精神消耗，後悔的破壞力可以將人積極上進的好心態徹底摧毀，把人變得委靡不振。我們必須清楚，即使動用所有的智力和人力資源，我們仍然不可能將過去的錯誤和損失挽回。我們可以做的，是想辦法改變剛剛發生的事情所帶來的影響，但是對於事情本身是無法再做什麼改變的。

所以，對於既往的過錯我們應該採取的是降低過錯帶來的傷害，然後選擇性失憶。與其埋在後悔的深淵裡，不如打起精神對自己說：「下次我不會再犯同樣的錯誤。」為打翻的牛奶哭泣是最沒有用的，我們能做的是下一次不要打翻。

有一個學生老是會為很多事情發愁，經常為自己犯過的錯誤懊惱不已，他總是想那些以前做過但沒有做好或者搞砸的事，希望自己當初沒有這樣做，或者懊惱沒有做好。這使他整天愁眉苦臉，做什麼事情都無精打采，然後繼續犯自己不該犯的錯誤，接著繼續懊悔……

他的老師發現了這個整天活在後悔中的學生，並且想要幫他從悔恨的漩渦中解脫出來。於是，在某天早上，老師將全班學生召集到科學實驗室。

在實驗室，學生們看到老師的桌子上除了一瓶牛奶之外什麼都沒有，他們正在想著老師今天會用這瓶牛奶做什麼實驗時，老師突然站起來，將那瓶牛奶打翻在水槽裡。學生們被老師的這一舉動嚇到了，正當他們驚愕之際，老師大聲對他們說：「不要為打翻的牛奶而哭泣。」

他把所有人叫到水槽旁邊，讓他們好好看一看那瓶打翻的牛奶。並且對他們說：「我希望你們可以一輩子記住這一課，你們看好了，這瓶牛奶已經全部流光了，無論你怎麼著急，怎麼後悔，怎麼抱怨，都不可能再救回一滴。我們現在所能做的是把它忘掉，忘記這件事情，只專注下一件事。」

所以，千萬不要沉浸於已往的過錯當中，已經發生的事情並不會因你的後悔而有絲毫的改變。當我們看到牛奶已經打翻，為什麼還要為它浪費你的眼淚呢？它像你任何做過無法挽回的事情一樣，沒有再改變的可能，你已經沒有必要再浪費時間在它身上。雖然犯錯和疏忽都是我們的不對，但是事情已經這樣了，而且誰沒有犯過錯呢？你要做的是從中汲取教訓，下次做好防範，不讓錯誤再犯，這不僅會讓你的生活輕鬆得多，而且還為你的成功增添動力。

法則27．擔憂並不能阻止事情的發生

我們總是擔心還沒有發生的事情，害怕事情發生之後自己無法承擔。卻沒有想過，在事情發生之前我們所承擔的已經超過了自己的心理負荷，如果繼續不停地給自己加碼，勢必會讓自己崩潰。

而且，這種擔心浪費了你在事情發生之前想辦法的時間和精力，讓你本來可以阻止的事情徹底變糟糕，於是擔心變成了懊悔、沮喪和憂傷——面臨如此多負面情緒的壓迫，你承受得起嗎？

沒有人能計算得清楚擔憂究竟給我們造成了多大的損失與災禍。我們把過多的時間用在擔心問題的發生上，浪費了解決問題的時間，然後眼看著最壞的結果在我們眼前呈現。我們以為自己煩惱的事情終於應驗，其實我們只不過是被無謂的擔憂打敗了而已。

擔憂會造成人的失敗，破滅人的希望，使天才流於平庸，雖然我們不想，但是卻在很多時候又不自覺地被擔憂左右。當一個人為擔憂所煩惱時，就沒有辦法正常思考，沒有辦法為解決問題提供一個正確的思路。最後為煩惱所困而不能自拔，猶如飲鴆止渴般讓問題一步一步走到崩潰的邊緣……

羅莉簡直快要瘋掉了，她發現自己負責的一個工作出現了重大的紕漏。但是她不敢跟上司說，因為一旦她說出來也許就會面臨被解雇的危險。她每天都在擔憂，害怕上司或某個相關的人發現這個問題。擔憂所造成的壓力已經讓她快要窒息了，她覺得自己的後背非常疼，並且覺得噁心，這種狀況越是到工作接近完成越是嚴重。

羅莉活在害怕和擔憂當中，她沒有辦法用心工作，更沒有辦法正常思考，她每天都在觀察上司的臉色，看他究竟發現沒有，還要從同事那裡旁敲側擊地打探風聲，整個人變得敏感又神經質。

但是無論她如何祈求上帝保佑，她所擔憂的事情還是發生了。上司大發雷霆，因為這個工作讓公司損失慘重。如果當初羅莉肯把事情說出來的話，事情還有辦法補救，可是她因為害怕一直不說，結果什麼都被耽誤了，她自己也正像她所擔憂的那樣職位不保……

羅莉的故事告訴我們，無論我們再怎麼擔憂，事情該發生還是會發生的，擔憂在這個過程中不僅沒有任何價值，還會將事情搞得更加糟糕。但是如果我們將注意力轉移到解決問題上呢？那結果當然大不一樣！

卡斯楚是一位從軍隊退役回到家鄉的年輕人。退役後不久，卡斯楚在一家水力發電公司找到一份機械工的工作，他非常喜歡這份工作，並且做得非常好。這樣快樂地工作了一年半之後，因為工作的出色，老闆告訴他，他已經被升為工廠重柴油機械部門的領班了。

可是，這個消息不僅沒有讓卡斯楚感到高興，反而讓他擔心起來。他覺得自己做機械工的時候很快樂，可是自從當了領班之後，肩上的責任讓他的心裡產生了一股巨大的壓力。他開始吃不好睡不香，總是擔心自己的工作做不好，害怕哪一天突然有事故發生，自己沒有辦法解決。就這樣，擔憂和焦慮就像影子一樣跟著他。

終於，卡斯楚一直擔心的事情發生了。當時，砂石場上應該有四部牽引機牽引著挖掘機進行作業。但是，當他到那裡的時候，卻發現現場安靜得讓人感到不正常，卡斯楚快速地檢查了四部牽引機，發現它們一時間全都壞掉了。

擔心的事情終於發生了，而隨之而來的是更加讓人恐慌的擔憂。他不知道自己該怎麼辦，如此重大的事情自己究竟要負多大的責任，老闆會不會大發雷霆將自己炒掉。各種不好的想法開始縈繞在他的心中，讓他的頭都快爆炸了。他向老闆報告這一情況時，簡直就像度日如年，覺得天就要塌了。

但讓他意外的是，老闆並沒有罵他，只是微笑著對卡斯楚說了一句話：「修好它們。」正是這簡單的幾個字，讓卡斯楚如蒙大赦，他突然覺得自己很傻，只顧著擔心，卻忘了不管情況有多糟，總能找到解決的辦法。自己沒有去想辦法，而是把精力浪費在最沒用的擔憂上，這簡直太可笑了。

擔憂並不能改變什麼，能改變事實的只有行動而已。既然事情的發生是必然的，我們唯一的解決辦法就是「修好它」。

我們必須清楚，任何事情都沒有我們想像的那麼糟糕，只要我們不被擔憂糾纏，我們就有足夠的時間想出解決問題的方法，更何況我們所煩惱和擔憂的事情絕大部分是不會發生的。為這些不會發生或者無可挽救的事情擔憂顯然是一種可笑的行為。

一個致力於把事情做好的人，是永遠沒時間去煩惱這些事情的，因為他非常清楚杞人憂天對事情本身沒有任何價值可言。

聰明人會這樣說：「有煩惱時不必去想它，在手掌心裡吐口唾沫，讓自己忙起來，你的血液就會開始循環，你的思想就會開始變得敏銳。」最後，這樣的人都會成為生活的主導者，遊刃有餘地駕馭著工作，享受著成功。

法則28・適當降低標準，你會活得更好

標準是一個人所要達到的目標，因為有了目標我們才會有前進的動力。但是我們必須清楚，並不是目標越高，動力就越足或者取得的成績就越大。標準訂的太高有時候反而會難倒自己。由於達到高標準的目標總是很困難，你的壓力會因此變得很大，而且也容易放棄，從這一點上來說，它會阻礙你的成功。

《論語》上有句話是這樣說的：「取乎其上，得乎其中；取乎其中，得乎其下；取乎其下，則無所得矣。」這句話看上去似乎非常有道理，好像標準訂的越高越好，因為太低的話我們最後很可能什麼都得不到。但這句話卻要辯證來看，因為每個人的素質是不一樣的，所以標準也應該不盡相同，並不是對方能達到的我們就一定可以做到。所以，這句話中的「上、中、下」應該是針對每個人自身而言，是我們所能做到的「上、中、下」，而不是別人眼裡的「上、中、下」。

這種觀點在現代心理學中得到驗證。心理學家研究發現，如果是按照相同的標準來要求所有的人的話，其結果將會出現很大的不同，只有選擇高出自己能力並且如果努力就能做到做為標準的人，才能將事情完成的最好。原因在於，對自己要求過低的人容易變得懶散，而且沒有上進

心，所以事情到了他們手裡只會搞砸；而如果標準訂的過高，又太不容易做到，人們承受的壓力過大沒辦法將真實的水準發揮出來，而且一旦發現自己做不到就會找到藉口：「我做不到，是因為這個標準實在太高了……」這樣他就很容易得到別人和自己的原諒，所以更容易放棄。而放棄的結果很可能就是讓自己的自信心屢受打擊，在屢戰屢敗中消磨精力和生命。

麗莎非常想學彈吉他，並且想在一個月後學校的新年晚會上彈奏她最喜歡的一首曲子。但是，她很快就開始變得沮喪，因為那首曲子實在是太難了。而她做為一個對吉他僅限於喜歡的初學者，這個目標顯然是太高了。麗莎在開始的那幾天通宵拼命，可是不管她怎麼努力總是彈得七零八落，不是漏掉這個音符，就是跟不上那個節拍。她的手指都被磨破了，但是連一小節都沒有學會。

每天受麗莎吉他聲煎熬的同學也受不了了，勸她放棄這首曲子，換一首旋律輕鬆又容易學的去彈。大家本來是為麗莎好，因為新年晚會的時間已經不多了，照麗莎的水準和進度根本就不可能上臺表演。對於同學的好意，麗莎並不領情，她想在新年晚會上一鳴驚人，那些簡單的旋律除了將她淹沒之外什麼作用都沒有。

半個月後，麗莎還是完全不得要領，同時又不肯降低標準，眼看晚會在即，自己連一首像樣的曲子都拿不出來，最後只能放棄。放棄的同時她還不忘跟同學們解釋：「時間太短了，這首曲子又那麼難，我每天都要上課，根本沒時間練習。如果時間足夠充裕的話，其實是可以彈得很好的。」

你可以想像，即使麗莎真的有足夠的時間，她也不會完成的，因為在一年之後的新年晚會上，她仍沒有帶著吉他走上台去表演。一年的時間已經足夠充裕了，為什麼麗莎仍然沒有學會彈吉他呢？因為她總是選擇難的練習，並且一遇到挫折就放棄，最後只能跟自己說：「我不是那塊料！」

麗莎真的是因為不是那塊料才學不會彈吉他的嗎？當然不是，很顯然她是把目標訂的太高了，高到以自己的能力根本沒有辦法去完成，最後只能是放棄。而這種放棄是會讓我們的自信心受傷的，也許我們會因此這輩子再也不去碰我們鍾愛的「吉他」，甚至還會憎惡它。我們當中的很多人之所以每天生活的很苦悶，其實跟自己的自信心和期望值受到打擊有著相當大的關係，大多數情況下並不是我們真的很差勁或者「不是那塊料」，而是我們對自己的要求過於苛刻，以致於沒有辦法去達到它。

這樣的生活其實是非常累的，因為達不到既定標準而累，因為自信受挫而累，因為不如別人優秀而累……我們生活在一連串的自我破壞當中，生活又怎麼可能幸福快樂呢？所以，為了讓自己生活得更好，還是根據自己的情況適當降低一些標準吧。這樣你完成起來輕鬆，完成之後的成就感也會產生更多的激勵，為你朝更高的目標邁進提供動力。

法則29・別讓「空虛寂寞冷」變成「羨慕嫉妒恨」

越是生活在繁華的大都市，人們往往就越感到寂寞，不管是單身的男女、孤寡的老人還是成功人士，很多人都因為沒有打理好自己的私人空間而變得空虛孤單，寂寞的感覺自然時時襲上心頭。而寂寞產生的衍生物是空虛和冷，當我們被這些負面情緒長期糾纏之後，羨慕、嫉妒和恨便產生了。

寂寞是一種狀態，它往往預示著孤獨和空虛的降臨。而且它還會帶來一種心理暗示：我已經被人遺忘，在這個世界上沒有人愛我，也沒有人在乎我，更沒有人會記得我的存在。這種負面的心理暗示會讓人變得自怨自艾，繼而對現實產生一種憎惡感，覺得世界上所有的人都對不起自己，尤其是那些比自己幸福的人，更是成為眼中釘肉中刺，甚至會因此做出過激的行為。

羅絲大學畢業之後就獨自一人到紐約闖蕩。她是一個漂亮的姑娘，當然也受過非常好的教育。她的母親告訴她，要遠離一切看起來危險和不規矩的男人，她謹遵這一教誨。每天下班之後，就會回到那個租來的小公寓裡。剛開始的時候，她覺得這樣的生活沒有什麼不好，因為剛剛進入公司，她有許多東西要學習，而且每天都忙得不可開交，回到公寓只想倒頭大睡，根本沒有時間去想別的。

但是半年之後，羅絲開始覺得空虛起來，因為她已經完全熟悉了自己的工作，以及與工作相關的人，做任何事情都變得得心應手。她開始有了充裕的時間，但是這並不會讓她覺得有多輕鬆，因為她回到住處後完全無事可做，本來很小的公寓居然變得空曠和陰冷起來。

她當然也想交朋友，但是她又太過小心翼翼了，她不願意去結識那些從酒吧裡出來的男男女女，更不願意參加什麼交友俱樂部。所以，羅絲越來越感到寂寞，甚至開始變得孤僻。

兩年以後，羅絲依然沒有交到任何朋友，她看到那些親密交談的人甚至開始覺得胸口憋悶，並且討厭一切在她眼前出現的戀人，所以她越來越不愛上街，也不看任何關於愛情的電影或者電視，因為她覺得那些都是騙人的。她的心理越來越陰暗，有一次甚至把鄰居家那對恩愛夫妻的車胎給刺破了……

一個人的空虛和寂寞有時就是這樣可怕，使人把自己心底的怒火和怨氣轉化成妒火和憎惡轉嫁到一個不相干的人身上。你是不是也有過這樣的心理呢？因為自己過得不盡如人意，就開始憎恨那些過得比我們好的人。這種嫉妒的情緒是最能啃噬人心的，自己不痛快不說，還讓無辜的人跟著遭殃。這是一種極其不健康的心態，我們必須想辦法將它擺脫掉。

所以，當我們感到寂寞時，我們不能忽視或者逃避它，我們要做的是找到自己哪裡出了問題，為什麼我們會讓寂寞找上自己。當然，在很多時候，我們自己也不希望這樣，空虛和寂寞在很大程度上也許是這個社會造成的。正如李思．懷特所說：「隨著人口的迅速膨脹，人與人之間可以患難與共的真情已經逐漸消失了……我們生活在無個性的世界，我們的事業，政府的規模，人們的頻繁遷徙等等，導致我們在任何地方都無法獲得持久的友誼，而這還不過只是令數百萬人備覺寒冷的新冰河時代的開始而已。」

儘管如此，我們依然能做一些改變，也許我們不能改變社會形態，但是我們卻能改變自己的心態。我們首先要做的就是拿回屬於自己的熱情，靠自己的力量去創造出溫暖和友誼。我們必須從自憐和自戀中走出來，把目光對準外面的世界，學會去欣賞別人，去選擇和結識新朋友，和他們一起分享快樂；我們還可以找很多事情來做，比如讀書、進修或者做義工；同時我們還必須學會享受自己的生活，在愛情和友情來之前，也能讓自己生活得滿足和快樂，這才是最重要的。

卡內基說：「世上充滿了有趣的事情可做，在這令人興奮的世界中，不要過著乏味的生活。」乏味的生活不僅無聊，而且可怕，它會讓你走進可怕的深淵，會讓「空虛寂寞冷」演變成「羨慕嫉妒恨」，這對任何人來說都不是好事。所以，如果你感到空虛和寂寞了，千萬不要繼續受它擺佈，像卡內基說的那樣去找點事情來做吧！

法則30．牛角尖太小，還是出來吧

牛角尖是一個狹窄的地方，沒有人喜歡待在裡面，但是卻不知不覺鑽了進去，為什麼？因為人的固執和偏見。固執的想法往往會將我們牢牢套住，讓我們不自覺地朝著一個地方行進，結果卻進了一條死胡同，讓自己無路可逃。而一個沒有出路和生路的行為，必然與成功無緣。

人的思想是一種非常奇妙的東西，它沒有形狀，無跡可尋。正是它的無形和無跡，決定了思想可以不受限制地四處蔓延，漫無邊際地遊走於宇宙的各個角落。一個人開闊的思路就像藍天和大海一般一望無際，這種一望無際使人的視野更加開闊，步履也才更加冷靜鎮定。也正是由於它的無形和無跡，也會常常使人堅持到底，結果走進一條死胡同。於是就有了很多鑽進牛角尖的人，他們被自己的思想困住而無力自拔，就像一條鑽進瓶子裡的章魚。

神秘的大海中生活著各種千奇百怪的魚類，每一種都有自己的生活習性，而各自的生活習性又往往決定了牠們在海洋中的生存狀態。章魚就有一種怪癖，一隻章魚的體重可以達到70磅重，然而牠們的身體卻非常柔軟，柔軟到幾乎可以讓牠們將自己的身體塞進任何牠們想去的地方。

因為章魚沒有脊椎，這種特性讓牠可以非常容易地穿過一個銀幣大小的洞。所以，這也便成了牠們的優勢，利用這一優勢，牠們非常聰明地將自己的身體塞進小小的海螺殼裡躲藏起來，靜待獵物的出現。等到魚蝦慢慢靠近時，牠們就會突然出來，咬斷獵物的頭部，並將毒液注入牠們的體內，使其麻痺而死，然後自己再慢慢享用送上門的美味。對於海洋中的其他生物來說，章魚的這一特點讓牠成為海洋中最可怕的動物之一。

然而也正是牠的這一特點，使牠成為了漁民的獵物。漁民掌握了章魚的這一天性後，開始對章魚大肆捕捉。他們的做法非常簡單，就是將一個個小瓶子用繩子串在一起沉入海底。

這些愛鑽「牛角尖」的章魚一看見小瓶子，都高興的不得了，爭先恐後地往裡鑽，無論這個瓶子有多麼小、多麼窄，牠們都照鑽不誤。結果可想而知，這些在海洋當中無往不勝的捕獵高手，最終成了漁民瓶子裡的獵物，變成人類餐桌上的美味。

究竟是什麼囚禁了這些原本很聰明的章魚呢？真的是那些瓶子嗎？當然不是，那些都只是表象，瓶子並不會主動捕捉章魚。真正將章魚囚禁的其實是牠們自己，牠們習慣性地按照自己的思維向著最狹窄的道路越走越遠，從不去看一看那是一條多麼黑暗的道路，即使那條路是死胡同，牠們也義無反顧，所以，最後吃了虧碰了壁也怨不得別人。

其實，我們的思想在很多時候也如同這些自以為是的章魚，尤其是當我們遇到苦惱、煩悶、失意、誘惑這樣的「瓶子」時，卻以為找到了自己的目標拼命往裡鑽，沒想到卻將自己囚禁起來，無力掙脫。想想我們自己是不是已經鑽進了痛苦的瓶子裡，而且越陷越深呢？生活就如同這廣闊的海洋，它蘊藏著那麼多有價值的東西，而我們卻一味向瓶子裡擠，結果思想變得越來越狹窄，人生也越來越失去光亮。

喜歡鑽牛角尖的人，其實都有這樣的特性：像章魚那樣自以為是，習慣憑藉自己的經驗、直覺和感受來判斷和認定事物；習慣於被自己認定的信念蒙上雙眼，於是開始朝著自己認定的目標固執地前進，再前進，結果卻鑽進了痛苦、失望、被動的牛角尖，成了自己思想的獵物。

比如一個患了厭食症的人，即使已經瘦到皮包骨，他都覺得自己還是很胖，所以不管別人怎麼說，他都完全聽不進去，即使在照鏡子看到眼前的自己時，他也會遮掉所有對這種想法相左的一切資訊，一意孤行地按照自己的想法去節食減肥……

我們就是被固執的想法一直牽著鼻子走的，它讓我們聽不到周圍的聲音，只按照自己的想法行事，結果不僅沒有解決問題，還讓自己變得非常被動。正如卡洛琳所說：「你越是為了解決問題而拼鬥，你就越變得急躁——在錯誤的思路中陷得越深，也越難擺脫痛苦。」為了減少這種痛苦，我們能做的就是擺脫一意孤行的「惡習」，雖然堅持是好的品質，但是並不包括堅持錯的想法。

多聽聽、多看看別人的意見和想法，即使對方的觀點不正確，也可以做為一種參考，至少在你考慮對方的想法時，會聽到不同的聲音，會有更廣闊的思路和更開闊的視野，對事物做出更多面和全方位的判斷。

法則31．失敗不可怕，可怕的是害怕失敗

一個人如何面對失敗是決定其成功與否的關鍵因素。面對失敗，有的人失望、有的人失落、有的人失意，但最可怕的是失去勇氣。一旦我們因為害怕失敗而失去爭取成功的勇氣，那麼我們註定與成功擦肩而過。

失敗對每個人來說都是一件很痛苦的事情。因為它意味著你的努力付之東流，你的能力受到懷疑，你的前途渺茫難測。失敗的人往往失意，因為無論是別人還是自己都不再相信自己。失敗的事實會不經意地從陰影中走出來提醒你：你是一個沒用的失敗者！很多意氣風發、能力卓越的人就是被這種失敗的意識打敗，從此一蹶不振的。

這也是很多人害怕失敗的原因所在，他們所害怕的是失去自信心，所以他們想的最多的不是如何去爭取成功，而是如何躲避失敗，保證自己萬無一失。不過很可惜，有這種思想的人從一開始就將自己困在了一個不可能有什麼非凡成就的位置上，結果只能是限制自己的發展。如果我們的抱負僅此而已，我們大可安於現狀、裹足不前，如果不是，那麼就請不要縮手縮腳躲在安全的「蝸居」裡，因為即使那裡面再安全，你所能施展的空間也是有限的。想要發展就得走出來，更

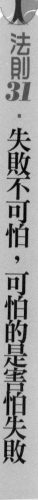

何況，失敗沒有我們想像中那麼可怕，我們所敬仰的那些偉大的或者成就非凡的人，有哪一個不是從失敗中走過來的呢？他們能擁有令世人矚目的成就不正是因為他們的不懼失敗嗎？

艾柯卡擔任福特公司的總裁，當時的福特公司是世界汽車行業的領頭羊。而在艾柯卡的領導下，福特的經營狀況更是越來越好，在行業領先的情況下，穩步增長。

然而，就在艾柯卡的事業和福特公司的發展如日中天的時候，艾柯卡卓越的經營才能遭到福特公司的老闆福特二世的嫉妒，他解除了艾柯卡的所有職務。這個決定出乎所有人的意料之外，但也在情理當中。原因非常簡單，因為艾柯卡當時在福特公司的聲望和地位已經超過了公司的擁有者，所以做為公司的老闆，福特二世非常擔心自己的公司有朝一日會成為艾柯卡的，這是任何一個老闆都不願看到的情況。

雖然福特二世的做法情有可原，但是整件事情最無辜的就是受害者艾柯卡，他沒有做錯任何事情，卻遭受如此不公正的待遇和打擊。這讓艾柯卡第一次嚐到了失敗的滋味，他的人生也隨之步入了低潮。艾柯卡坐在一個不足十坪的狹小辦公室裡思緒良多，終於他下定決心，離開了自己付出無數心血的福特公司。

在艾柯卡離開福特汽車公司之後，許多世界著名企業找上了他，這些企業非常認同他的領導才能，並且深切同情他的不幸遭遇。有的老闆親自上門拜訪，希望艾柯卡能重新出發，為自己的公司效力。但是，他們的盛情邀請都被艾柯卡婉言謝絕了。因為在他的心中已經有了一個目標——從哪裡跌倒，就要從哪裡爬起來。即使要重新出發，他也要從事曾讓自己摔了大跟頭的汽車行業。

所以，艾柯卡最終選擇了克萊斯勒公司，他做這個決定不僅是因為克萊斯勒的老闆三顧茅廬，更重要的是他看到這個原本是美國第三大汽車公司的企業已經千瘡百孔，甚至瀕臨倒閉的邊緣。他要用自己的行動向福特二世和所有人證明，能將克萊斯勒救活，艾柯卡並非一個失敗者。

果然，在入主克萊斯勒之後，艾柯卡對公司進行了大刀闊斧的改革和全方位的整頓，在他的領導下，帶領克萊斯終於走出了破產的邊緣，再度走向輝煌。而艾柯卡拯救克萊斯勒公司的案例也被當成商業案例中一個著名的典型。

決定成功與否的最重要條件，除了我們所做的那些努力之外，就是我們如何對待自己的失敗。如果我們從內心深處認為自己失敗了，那我們就真的失敗了。艾柯卡沒有，他從來不認為自己是一個失敗者，他也不懼怕現在或者未來的失敗，所以他能勇敢大膽地往前走，最後成為眾人學習的成功楷模。諾爾曼．文森特．皮爾說：「確信自己被打敗了，而且長時間有這種失敗感，那失敗可能變成事實。」而如果我們像艾柯卡那樣不承認自己的失敗，只是將它當成人生進行曲中的一個小插曲，那我們終有奏響成功進行曲的一天。所以如果你想成功，就一定不要懼怕失敗，你要做的是邁開腳步往前走，而不是計算前面會不會有條溝或有道坎。

對一個嚮往成功的人來說，如果你覺得坦途在前，又何必為了一些小障礙而不走路呢？

法則32．每個人都有自己的價值，你用不著自卑

自卑的人總是在自卑中將自己埋沒。成功需要的是自信，自信沒了，成功自然也就沒了著落，埋沒是遲早的事。自卑的人大都缺乏生活的勇氣，他們無法與強大的外力相抗衡，進而使自己深陷在痛苦的陷阱中。想要徹底擺脫自卑，最好的方法就是明白自己的價值，然後利用自己的價值。

自卑情結幾乎人人都有，在比我們聰明的人面前自卑，在比我們漂亮的人面前自卑，在比我們富有的人面前自卑，在比我們成功的人面前自卑……我們每天都被自卑壓抑得喘不過氣來，長此以往又如何去超越別人，創造成功呢？

自卑往往讓人們看不到自己的優點和價值，習慣於拿自己的缺點跟別人的優點相比較，結果只能是越比越洩氣。其實，就算我們真的不如別人，也完全用不著自卑，因為即使我們的人生是失敗，也有失敗的價值。

沙漠當中有五隻駱駝在吃力地行走，牠們和主人率領的駝隊走散了，這讓牠們非常沮喪。眼

前除了黃沙之外別無他物，只能憑著其中一隻老駱駝的經驗往前走。

不知什麼時候，牠們的右側方向又出現了另外一隻精疲力竭的駱駝。大家定睛一看，原來是一個星期之前就走散的另一隻駱駝。五隻駱駝當中除老駱駝之外的另外四隻看到牠輕蔑地說：

「你瞧，到現在都沒有走出去，還不如我們呢！」

「就是啊，我們別理牠，省得牠拖累我們！」

「沒錯，咱們就當作沒看見。」

「看那灰頭土臉的樣子，牠對我們一點用都沒有……」

四隻駱駝就這樣你一言我一語地議論著，牠們都想避開這隻迷路的駱駝。而那隻駱駝顯然也是自慚形穢，不好意思靠近。只有老駱駝冷靜地說：「你們不要這樣，牠對我們是非常有幫助的。」

說著，老駱駝便熱情地去招呼那隻落魄的駱駝：「雖然你早就迷路了，現在的境遇比我們更糟，但是你的經歷比我們更多，所以你一定知道往哪個方向是錯誤的。這對我們來說就已經夠了，所以請跟我們一起上路吧，有了你的幫助我們一定可以成功的。」

沒錯，即使是一個失敗者也用不著自卑，因為失敗也是有意義的。何況我們當中很多人並沒有經歷過多麼嚴重的失敗，我們只是不肯正視自己的價值而已。一味自卑只能使我們的價值貶值，正如培爾辛說的：「除了人格以外，人生最大的損失，莫過於失掉自信心了。」

為了不給我們的人生造成過大的損失，請放棄自卑的念頭，認清自己的價值，哪怕自己只是一棵不起眼的小草，也要昂首面對生活。

有一個自卑的農夫，他成天都在埋怨自己的命運不好，一輩子只能做農夫，地位卑微，又被別人看不起。這種想法使他終日悶悶不樂、垂頭喪氣，做什麼都無精打采，院子裡長滿了荒草也懶得搭理。

夏天到了，荒草已經長滿了整個院子，農夫不得已只好去整理。當他彎下腰去拔出這些小草的時候，心裡非常怨恨，因為天氣很熱，他每彎一次腰都會汗流浹背，於是他開始詛咒：「這些該死的青草，要是沒有它們，我的院子一定很整潔很漂亮，老天為什麼要讓這些可惡的青草來破壞我的院子呢？」

一棵剛被農夫拔出的小草恰好聽到了這番話，它對農夫說：「你覺得我們討厭，可是你也許從來沒有想到過，我們也是非常有用的。我們將自己的根紮進土中，等於是在為泥土耕耘，當你將我們連根拔掉時，泥土就等於是已經被耕過的了。」

小草接著說：「另外，在下雨時，我們可以保護泥土不被雨水沖掉；在天氣乾旱的時候，我們還可以防止大風將沙土刮起；我們還是院子裡的點綴，沒有我們，你賞花的樂趣就會減掉一大半……難道這些不是我們的價值嗎？」

一棵渺小的青草都沒有因為自己的微不足道而自卑，農夫不禁對它肅然起敬，而它也教會了農夫，每個人都是有價值的，任何人都不用覺得自卑。

世間的一草一木、一花一樹都有著自身的價值，何況是人。每個人都有自己的特點，重要的是你自己要認識自己的長處。懷有自卑情結的人，遇事總是先將「我不行」、「這件事我做不了」、「這項工作超出我的能力範圍」等等做為藉口，還沒有試一下就給自己判了死刑，這種情緒必須改掉。

當然，對於一個自卑成為習慣的人來說，想要改正並不容易，但是下意識地採用一些方法會有所幫助，比如：只把自己生活中那些積極美好的東西刻意記憶，其他全部摒棄掉，對於過去的記憶採取相同的方式，只挑那些美好的來回憶，漸漸地，我們就可以用積極的思想去代替消極的思想。而這種替代的結果，就是我們的思想總是被正面積極的情緒包圍，這些情緒對我們建立自信非常有幫助，當我們的自信漸漸強大起來後，自卑也就沒有了立足之地。

總之，我們必須清楚，不管我們是怎樣的人，現在身處什麼樣的地位，我們都有自己的價值。我們必須用積極的心理暗示去欣賞和愉悅自己，讓自信取代自卑，植根於我們的意識之中。

法則33．失望不絕望，人生才會有希望

現實總是令人失望和難過：疾病、感情、事業……但凡我們所能接觸到的事情，每一項都有令我們失望的可能。但是，在最壞的事情發生之前，我們都不應該對人生絕望，無論失去什麼，只要希望仍在，我們依然還能企及成功。

有人說：「一個人最大的破產是絕望，最大的資產是希望。」這句話總結的相當精闢。我們的人生是我們的全部身價，如果我們對生活絕望，那麼人生必然破產無疑，我們所有的心血經營都將化為烏有。如果我們仍然會有希望，那麼人生就依然還有「翻本」的機會。

「希望」是一件神奇的寶貝，它被關在潘朵拉盒子的最底層，即使盒子裡的所有災難全部跑出來，希望仍然在裡面。正因為它的存在，讓我們無論經歷什麼樣的艱難險阻和慘重打擊，都仍然能夠堅強地走下去。

在美國的一個小鎮上有一位著名的醫生，他的成名除了醫術高明而享譽小鎮之外，更以堅強的鬥志戰勝了病魔、創造了奇蹟，而成為眾人的楷模。

那是在醫生四十歲的時候，當時他的事業發展的很好，在小鎮開的診所受到大家的認可，事業蒸蒸日上。正當他意氣風發的時候，有一天不幸的事情發生了，他在做每年的例行檢查時，被診斷出患上了癌症。這對任何人來說都不啻是當頭一棒，何況他還是一個醫生，當然能夠讀懂診斷書上那一堆數字代表了什麼。

他知道自己將不久於人世了，這讓他的情緒一度非常低落，在剛確定病情的那段時間裡，他的心情糟糕透了，他對人生感到失望，整個人變得非常悲觀。在有限的生命裡，有那麼多事情沒有做，那麼多的東西割捨不下，想到這些，他就覺得難過。但是幾天之後，他想通了，他接受了自己生病的事實，並且決定在剩下的日子裡好好生活。他把精力用在去完成那些沒有做完的事情上，他開始專注於自己的生活，對人對事都變得寬容隨和，因為他要加倍珍惜身邊的一切，在他離開之前好好地去愛。

他辛勤地工作著，並且在工作之餘一直沒有放棄跟病魔的鬥爭，因為他希望自己可以活得稍微長一點，他還有事情沒有做完。就這樣，他平安度過了好幾個年頭，而且每一年的檢查，癌細胞的數量都在比上一年減少。人們驚訝於他的傳奇故事，問他是什麼神奇的力量在支撐著他多活了這麼久。

這位醫生的回答說：「是希望。雖然我也對生活失望過，但是最後我覺得希望更加有價值。所以那之後的每天早晨，我都會給自己一個希望：希望我今天可以多治好一個病人，希望我今天的笑容可以溫暖那些生病的人，希望我今天可以給家人一個驚喜……」

希望就是有這樣一種神奇的力量，世界上的一切都依賴希望來完成的：農民不會種下一粒種子，如果他不希望它能夠長出果實；商人不會去進貨，如果他不希望因此而獲得豐厚的收益；年輕人也不會結婚，如果他們不希望自己的愛情開花結果……不錯，我們每個人身上都存在這種力量，只不過有時候在不幸的事情發生之後，我們的思想喜歡鑽進牛角尖，最後把自己推向絕望的邊緣。對現實失望並不可怕，可怕的是絕望，因為它會將我們推向人生的死胡同，最後加速身體的死亡和思想的死亡。

因此，在面對讓我們備感失望的不幸事件時，我們能做的是掌握好自己的情緒，我們不能控制人生的際遇，不能預料事情的發展，無法預知生命的長短，無法預測天氣的變化，但是我們卻能夠調整心情、把握現在、安排當下、籌劃未來。只要我們還活著，我們的人生就還有無盡的可能，只要每天都給自己一個希望，給自己一個目標，給自己一點信心，給自己一點力量，當我們的人生過完時，就一定不會讓我們失望，因為我們的人生已經被每天不同的希望妝點得絢麗多彩了。

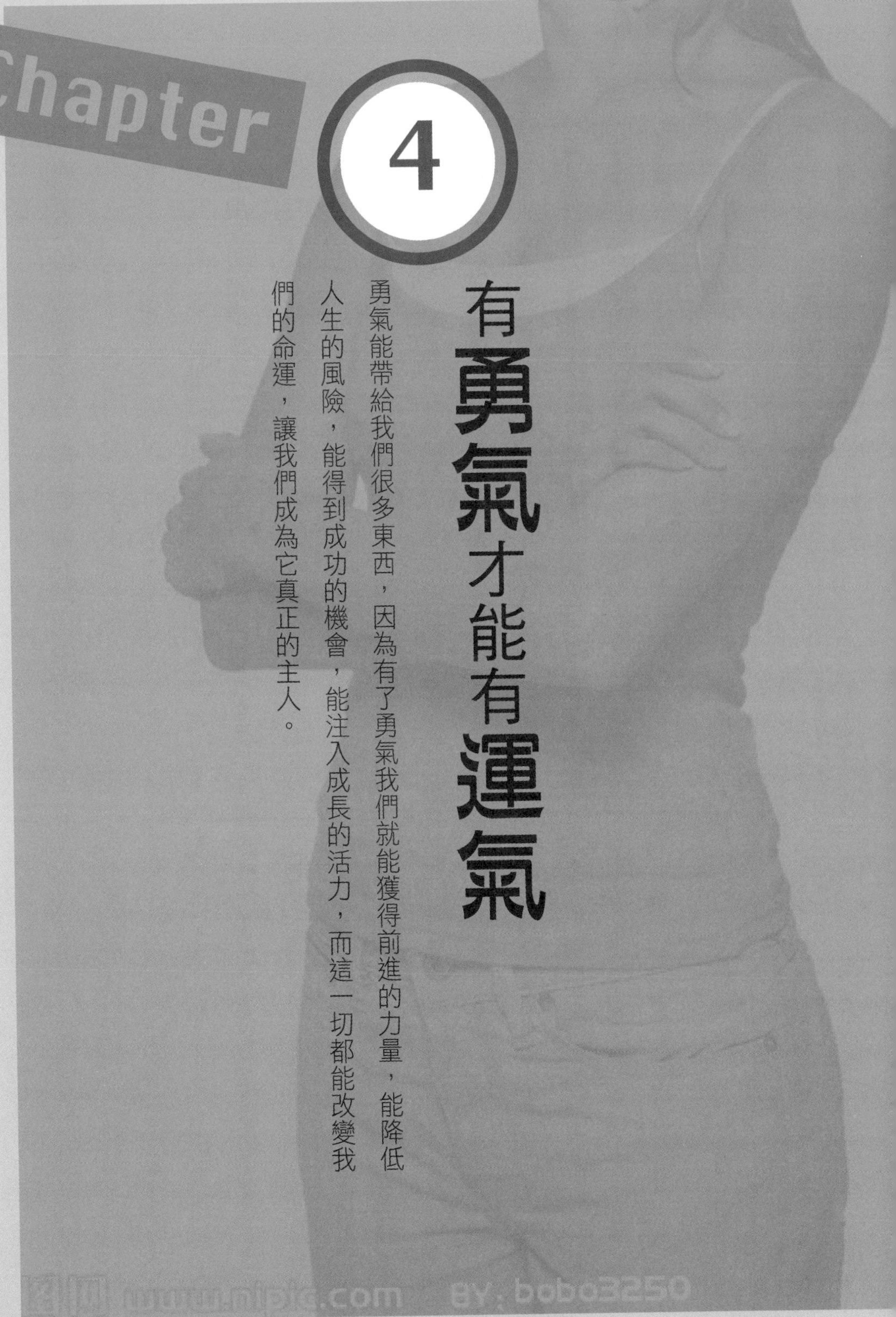

Chapter 4

有勇氣才能有運氣

勇氣能帶給我們很多東西，因為有了勇氣我們就能獲得前進的力量，能降低人生的風險，能得到成功的機會，能注入成長的活力，而這一切都能改變我們的命運，讓我們成為它真正的主人。

法則34・逃避不能解決任何問題

逃避是人類的本能，我們在遇到危險或者傷害時，身體會自動發出一個緊急預警的信號，這些信號告訴我們應該立即逃離，而我們的經驗也告訴我們，這種做法是可以被認同的，至少暫時躲過了危險。不過當我們再次回過頭來去看時，很可能會發現問題並沒有任何好轉，它給我們帶來的麻煩更大了。

我們都知道鴕鳥有一個特點，就是當牠們遇到危險時就會把自己的頭藏在沙土中，以為這樣就可以躲過災難。這種行為在自詡為聰明的人類眼裡是非常可笑的，因為我們知道這種掩耳盜鈴的行為對牠的處境一點幫助都沒有。不過，也許我們並沒有想過，我們自己其實每天都在做著類似掩耳盜鈴的事情，像鴕鳥一樣去逃避問題。

在我們小的時候，為了不去上學，我們就會對自己的父母說身體不舒服，比如肚子疼。我們不想上學唯一的方法就是生病，這樣我們就能逃避討厭的考試，或是逃避向我們要錢的校園惡霸。不過久而久之我們發現，我們真的生病了，連醫生都能開出確切的診斷書。

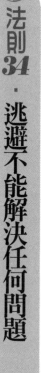

我們的心理暗示讓我們習慣性地去生病，即使到了真正必須要面臨的考試時，它依然會自動跑出來，因為我們的身體已經習慣了靠生病來逃避考試，結果你就在決定人生命運的大事上栽了跟頭。

喬治一直是個自卑的小夥子，為了不讓自己的信心受到傷害，每當別人說到讓他感到不自在的事情時，他就會假裝沒聽見，然後改變話題。這樣他就不需要再去直接面對那些讓他覺得不舒服的事情了。

這樣做不過是把事情緩一緩，但問題依舊得不到妥善的解決，逃避只能讓喬治變得越來越敏感、脆弱。

羅絲總是在說話時做一些分散自己注意力的事，從來都沒有真正專心和別人談話；有時她會漏掉老闆的指示，因為她忙著玩電腦或翻閱雜誌。而別人常常因為她不關心的態度而生氣。

其實羅絲只是在逃避。我們自己也會經常有這樣的行為，在別人談話時不看對方，以逃避自己的感覺或恐懼；當某件重要的事被提即時，眼睛就會在房間四處飄來飄去。這種逃避是因為我們覺得不安，同時也不想承擔過多的責任。

當曼妮在剛開始參加同學聚會時，她覺得很不自在，而且很害怕改變。每次休息時間一到，她就到廁所去，雖然她並不是真的想上廁所，只是為了避免接近任何和她談改變的人。

這種逃避的行為顯然會把自己孤立起來，什麼都不說只會讓問題比原來的情況更為嚴重。如果我們沒有完成自己該做的事，這樣就沒有人會知道。而這樣一來，我們也因為缺少了監督機制，而使自己的目標常常成為空想和泡影。

安娜總是很生威廉的氣，因為當她說「廚房很亂」時，她希望威廉瞭解她真正的意思，那就是：「我需要幫忙。」威廉覺得很煩，因為他不知道安娜要幹什麼，而安娜也覺得壓力很大。

如果安娜直接要求威廉幫忙，她可能會獲得他的協助。然而，這對夫妻陷在這種躲避球式的誤會循環之中，幾乎毀了兩人的感情。

逃避這種間接的溝通方式雖然避免了將問題擺在檯面上，但是卻讓問題變得複雜，最後也會因為別人的不理解而讓對方生氣、自己失望。

你是否意識到自己也有上述的逃避行為？明知道逃避不是辦法，可是就是無法強迫自己去勇敢面對，這讓你的內心十分痛苦。其實，面對並沒有我們想像的那麼難，我們必須時刻提醒自己，逃避永遠不是解決問題的辦法。如果無力完成我們還可以尋求幫助，朋友和家人是支持的來源，幫助我們度過困難的時光，幫助我們一起去解決問題。

法則35．敢於面對現狀才能改變現狀

如果想改變對自己不利的現狀，我們首先要做的就是承認並接受這個事實，然後才有可能在理智的條件下去改變這一事實。當然，這樣很難，因為我們面對的必然是我們不想看到的，對此我們需要莫大的勇氣。但是無論如何，我們必須這麼做，唯有如此，我們才會讓情況好轉起來。

不管我們現在面臨的是困境還是危險，甚至是絕路，我們都不能選擇視而不見。當事實已經擺在我們眼前，你不去解決它就永遠不會消失，甚至還會將災難擴大。成功的人士之所以會成功，並不一定是他真的比你「能」，而是他確實比你「敢」。這種情況尤其表現在我們面臨危險時，那些獲得成功的人會更加快速地認清並接受事實，然後迅速調整情緒，做出精準的分析和判斷，最後當機立斷，在危險發生之前迅速將問題解決掉。

動物園養著一條巨大的蟒蛇，牠每天的食物是飼養員送來的一大盆肉。

一天，照顧蟒蛇的飼養員突發奇想，想要看看如果給大蟒蛇換換口味會怎樣。於是，他將一隻活雞丟進了大蟒蛇的籠子，扔完就回家了。

第二天，當飼養員來看蟒蛇的時候，卻發現蟒蛇已經死了，而那隻雞卻安然無恙。原來，這條巨大的蟒蛇竟然被一隻雞活活啄死了。

在這隻無辜的雞被關進籠子之後，牠顯然已經無路可躲了。於是便想放手一搏，反正也是一死，也許勇敢面對，跟蟒蛇搏鬥自己還能有機會。

於是這隻雞奮力地啄向蟒蛇，並不停地啄蟒蛇的頭，蟒蛇的眼睛都被牠啄瞎啄爛了，根本沒有了還手之力，沒過多久就被這隻雞啄死了。最後，這隻看似弱小的雞活了下來，牠戰勝了比自己強大數十倍的蟒蛇，保住了自己的性命。

這隻雞因為敢直接面對災難，於是激發了體內所有的潛能，擁有了強大的爆發力，結果戰勝強敵，改變了自己的命運。這就是勇氣的力量，它能夠使你成為超人，任何人或事都無法將你打倒。

相反，如果我們在現狀面前畏首畏尾，恐怕就只能成為被蟒蛇吃掉的那隻雞了。

當然，勇氣給我們的不僅僅是「急中生智」的瞬間爆發力，在許多情況下，它需要持續作用才能發揮功效。住在加拿大的麗蓮·馬德爾太太戰勝病魔的過程就是以上真理的最佳印證。

馬德爾太太為人開朗快樂，她本來是一位普通的家庭主婦。有一天，當她外出駕車時不小心發生了車禍，車子翻進了一道深溝，馬德爾太太的脊椎骨受了重傷。

但是，當時的X光照片上並沒有看出她的脊椎骨已經折斷，顯示的不過是骨刺脫離了外面的附著物，導致了醫生的誤診，他讓馬德爾太太至少臥床3個星期。當馬德爾太太再來複查時，發現已經晚了，醫生告訴她：「非常抱歉夫人，妳要做好心理準備，妳的脊椎骨已經嚴重硬化，也許再過五年，妳就完全不能動了。」

馬德爾太太在回憶當時的情形時說：「我一向是活潑開朗的，喜歡克服和挑戰一切困難。但是這一次我確實被嚇壞了，我覺得這個困難是我無法承受和克服的。我原本所擁有的勇氣和樂觀的態度，因為臥床的時間從三週向無限期延長而逐漸喪失。我的內心變得越來越恐懼，越來越軟弱。」

「為此我沮喪了很長時間，但是某一天的早上，我的神智非常清醒。既然如此，那我也沒什麼辦法，至少我還有五年的時間可移動。對我來說五年的時間並不是很短，我還可以幫我的家人做很多的事情。」

「想到這裡我開始盤算。是的，我還有很多事情要做，我會配合醫生的治療，如果我下定決心，也許我的情況是可以好轉的。我並不想仗還沒打就認輸，

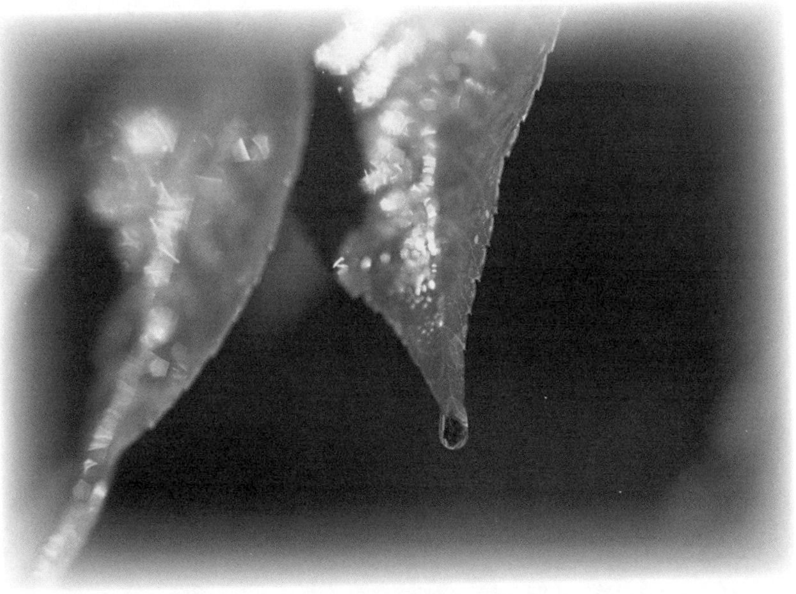

我要盡快活動起來。」

「然後，我的全身一瞬間充滿了決心和力量，我要必須立刻行動。軟弱和恐懼一下子統統溜走了，我掙扎著走下了床……我的新生活也就此開始了。」

「在之後的日子裡，我只用兩個字來激勵自己，那就是『繼續！』我不停地對自己說。直到五年後的一個上午，我再次照了X光，醫生告訴我，我的脊椎骨即使再過五年也不會有任何問題……」

馬德爾太太的故事又是一個因勇敢面對現狀，從而改變現狀的成功案例。但不同的是，她的勇敢持續的時間可能更長，這種持續與現狀戰鬥的勇氣更加值得我們去學習和擁有。

我們的人生會遇到各種各樣的問題，它們可能是突發性的，也可能是蔓延式的，但是不管怎樣，我們的態度必須是堅定的，我們需要先弄清楚自己的處境，然後冷靜下來考慮解決問題的方法，這些當然需要一個人莫大的勇氣和信念做為支撐。

也許我們一開始並不容易做到，但是至少我們可以告訴自己別逃避，因為這是你解決問題、改變現狀的第一步。

法則36．做第一個吃螃蟹的人

第一個吃螃蟹的人，不僅獲得別人的尊重，而且第一個品嚐到了人間美味，而這一美味恰恰代表了成功。

成功的人都知道，在沒有人開發的領域進行挖掘，往往是最容易成功的。雖然，那裡風險可能很大，就像一個張牙舞爪的螃蟹，因為沒有人吃過，所以大家都不知道這道美食的味道，也不敢輕易下手。而那個勇敢的人，往往正是抓住了這樣的機會，因為他敢於嘗試，敢於承擔風險，所以才最先嚐到了人間美味，而這個美味就是成功。

一位58歲的農產品推銷員經常喜歡用不同品種的玉米做實驗，希望能夠用玉米製造出一種鬆脆的爆玉米花。終於經過不懈的努力，他培育出了一種理想的品種。他熱情地去推銷這種新型玉米，但是由於成本太高，人們都不敢承擔風險去進貨。

這讓他感到非常焦急，他對自己的合夥人說：「我非常清楚，只要人們一嚐到這種口味玉米做出的爆米花，大家就一定會爭相購買的。」

「既然你有這麼大的把握，那為什麼不自己做出這種爆米花，然後親自去銷售呢？」合夥人提出自己的建議。

這個推銷員非常清楚，萬一他因此失敗了，就會損失很多錢。他已經快要60歲了，自己大半生的積蓄得來並不容易，如果想投資的話就要動用一大部分，在他這個年齡，他真能冒這樣的風險嗎？

事實證明，他敢冒這個風險，他決定做第一個吃螃蟹的人，去開發自己認為可以成功的專案。於是，他雇用了一家行銷公司為他全新概念的爆米花設計了一個好聽的名字和漂亮的形象。

不久之後，一種名為「美食家爆玉米花」的美味食品開始在美國各地銷售，火熱的程度一直持續到今天。它的創始人奧維爾．瑞登巴克為此幾乎賭上了全部的財產，但是他成功了，因為他得到了自己想要的東西，他也證明了自己的想法是正確的。在這個未開發的領域，他樹立起自己的品牌，讓它具有世界的影響力，成為幾十年不倒的知名企業。

第一口的螃蟹總是不那麼容易吃到的，但是如果能成為第一個吃螃蟹的人，那麼必將讓我們輕鬆佔有別人未曾開發過的資源。儘管沒有人涉足的領域風險很大，但是這塊未開發的處女地，給我們的回報必然也是最大的。

而且做為第一個「吃螃蟹」的人，必然會在這個領域樹立起一個不需要打廣告的品牌，即使再有其他人進入，也不可能動搖你「第一」的位置。這本身就是一種品牌效應，帶給你的收益是那些成熟的領域所無法企及的。

當然，「第一」這種事情是可遇不可求的，想要找到一個新領域去大展身手，似乎已經不是那麼容易的事情了。但是我們卻依然可以勇敢地在已知的領域中各出奇招，劍走偏鋒也許會有一樣的斬獲，這同樣需要你非凡的眼力和大膽的魄力。

世界聞名的牛仔服大王李維．史特勞斯就是一個善於發現和運用奇招的人。當年十七歲的李維離開家鄉德國，到紐約投靠開布店的哥哥，在這裡他對布料有了一定的認識。

三年以後，也就是1850年，美國西部出現了淘金熱，當時二十歲的李維也加入了這股熱浪之中。

然而，當李維隻身來到舊金山以後，卻發現這裡有成千上萬的淘金者，他覺得有這麼多的淘金者，自己即使挖到金子也不可能分到多少，於是改變了淘金的初衷，決定另闢發財之路。他先是開設了一家銷售日用百貨的小商店並製作野營用的帳篷、馬車篷用的帆布。李維認為，淘金固然能發大財，但為那麼多人提供生活用品也是一樁能賺到錢的好生意。

李維並沒有意識到，幸運之神正在一步步向自己靠近。有一天，李維正扛著一捆帆布往回走，一位淘金工人攔住他說：「朋友，你能不能用這種帆布做一條褲子賣給我？我整天和泥水打交道，普通的褲子經不住穿，只有帆布做的褲子才結實耐磨。」

李維聽後，靈機一動，一條生財之道馬上閃現在他的頭腦中。於是，他立即將那位淘金工人帶入一家裁縫店，按他的要求做了兩條褲子。這就是世界上最早的牛仔褲。

由於牛仔褲結實耐磨，很快就成為淘金工人的熱門貨。

成功在這些人身上看起來很容易，無論是爆米花還是牛仔褲，好像都只是靈光一閃的念頭，但是我們沒有發現，真正要走出那一步究竟需要多大的勇氣和決心。

這些成功的人希望改變自己的生活，他們願意用智慧和勤勞的雙手去創造成功，而這種品質往往是平庸的人無法擁有的。

我們有沒有對自己進行一下反省，我們的生活狀態之所以長時間沒有改善，是不是因為我們甘願活在自以為安逸的小世界裡不肯走出來。

對於生活，我們採取的是故步自封的姿態，這樣生活自然不肯把好運拋向你，要想生命出現轉機，唯一的辦法就是走出去。不要害怕去接受一個全新的世界，因為世界越新，機遇就越多，勇敢地去嘗試那些別人不敢做的事（當然一定是合理合法的），你一定會從中取得意想不到的收穫。

法則37．勇敢面對才能爭得機會

坐等幸運女神光顧的人，往往永遠也看不到她的真正面容，因為任何不勞而獲的想法都會被她嗤之以鼻。只有那些肯為成功付出努力，並且主動去敲機遇之門的人，才能擁有它。

很多人習慣了去羨慕別人的成功，抱怨現實的不公，以為生活拋棄了我們，否則怎麼會讓我們一直在失敗和平庸中煎熬呢？事實究竟是怎樣的呢？到底是生活沒有給你機會，還是你根本沒有想過要去爭取機會呢？大部分的情況應該是後者才對，因為我們的思想過於懶散，我們的心靈過於脆弱，我們懶得去爭取，害怕去面對，最後當然什麼都不可能得到。

機會時刻存在於我們的周圍，只要你肯伸出手，就會抓住機會，然而，有許多人只是等待機會的來臨，卻從不主動地抓住它。正如拿破崙．希爾所說：「聰明人會抓住每一次機會，更聰明的人會不斷創造新的機會。」如果我們想改變自己的現狀，那麼我們就必須抓住機會去改造它，就算暫時沒有機會，我們也要勇敢地去製造機會。

從史特龍懂事開始，他就知道自己的父親是個賭徒，父親輸了錢就回家打罵母親和他；而他的母親也好不到哪兒去，她是個酒鬼，喝醉後同樣也是拿他來出氣。

史特龍就是在這樣的家庭環境中慢慢長大的，當他讀到高中時便輟學開始了街頭鬼混的日子。但是他漸漸發現這種日子簡直太無聊了，而那些從他身邊經過的紳士和淑女們的蔑視目光更是讓他覺得無地自容。他經常問自己，難道自己就要這樣一輩子在別人的白眼中度過嗎？難道他要繼續走父母的路，讓自己成為一個賭徒或者酒鬼，然後渾渾噩噩度過此生嗎？

答案是否定的，他決定改變。但是做為一個社會下層的小混混，是不可能有什麼好機會等著自己的：他沒有經商的資本，不具備從政的條件，更沒有進入大企業發展的學歷和能力……現實沒有給他任何機遇，擺在眼前的是一座座看似不可逾越的大山。

但是他並不想就此打消改變的念頭。最後他發現當演員是一條不錯的出路，至少這一行在當時的美國不需要學歷和什麼資本。雖然，他看上去相貌平平，也沒有什麼專長，更沒有什麼天賦，甚至連基本的表演訓練都沒有過。但是，史特龍管不了那麼多，他已經認定了這條道路，就算是自己不符合條件，那麼創造條件也要試一試。

於是，史特龍來到了好萊塢，開始了他的「演員」生涯。他到這裡找明星、導演和製片，並且放下自己的面子，幾乎找了一切可能讓他成為演員的人去請求：「請給我一個機會，我一定會演好的！」

但是非常不幸，史特龍一次次地被拒絕了，然而他一點都不氣餒。每經歷一次失敗，他都認真反省，然後再次出發，鼓起勇氣去尋找下一個機會……在兩年的時間裡，他遭受到了一千多次的拒絕。

面對這樣沉重的打擊，他也曾不斷問自己，是不是自己真的那麼差勁，自己只能延續父母的道路做一個酒鬼嗎？但是這顯然不是他要的答案。

他整理思緒後決定重新嘗試，他想到自己既然爭取不到好的角色，但是卻可以試著先寫劇本。已經在好萊塢摸爬滾打兩年的史特龍，已經累積了不少的經驗，每一次的拒絕對他來說都成了一次學習和進步的機會，所以已經受到耳濡目染的史特龍大膽地動筆了。

一年之後，他的劇本寫好了，他拿著自己的劇本再一次走訪各位導演：「請你看一下這個劇本，如果你覺得它還不錯，能不能讓我來做裡面的主角？」導演們看了他的劇本，覺得還不錯，但是如果讓他做主角就實在太可笑了。當時的史特龍不僅是個無名之輩，而且外形條件根本不適合當主角，所以他又一次遭到了拒絕。

就在史特龍遭到一千三百多次拒絕之後，一位曾經拒絕過他二十多次的導演終於心軟了，他對史特龍說：「雖然我不確定你是不是能演好，可是你的精神令我十分感動，所以我決定給你一次機會。我會將你的劇本改編成電視劇，讓你做男主角，但是我們先只拍一集，先拿到電視台播出看看觀眾反應再說。如果大家的反應不好，你就從此斷了當演員的念頭吧。」

史特龍一口答應，他為了這個機會已經爭取了三年，自然不會讓它溜走。這麼寶貴的機會，他當然也全力以赴，將自己三年來全部的學習所得和真摯情感融入其中。

結果，他成功了，幸運女神開始對他點頭微笑，他那僅一集的電視劇創下了當時全美國最高的收視率。而這也正是他人生的轉捩點，在後來的日子裡，我們所熟知的史特龍橫空出世，成為享譽世界的頂尖電影明星。

史特龍的成功跟他的勇敢是分不開的，雖然我們很清楚，客觀的環境對一個人成長的重要性，但是史特龍卻靠著自己的勇氣脫離了本來決定自己命運的環境。

他用自己的勇氣去面對生活，勇敢地去敲每一個可能對自己有幫助的人的大門，他不害怕自己會受到冷遇和白眼，因為他知道自己成功的機會就在裡面，為了得到這個機會他必須承受這些。而事實也證明，他的勇敢真的幫了他，讓他爭取到了讓自己發光的機會，從而造就了一代巨星的輝煌。

我們的境遇難道會比史特龍更加糟糕嗎？大部分人都不是的，只不過我們沒有史特龍的那種面對困難爭取機會的勇氣。

如果我們可以將心態調整到史特龍的「頻道」，相信在不久的將來，幸運女神同樣也會對我們微笑，因為只要我們一直不停地去敲她的門，她總有來開門的時候。

法則38．不服輸才不會輸

「屢戰屢敗」和「屢敗屢戰」是兩個不同的概念，一個是在洩氣，一個是在提氣。我們只要不服輸，無論經歷什麼樣的失敗和打擊，終有獲得最後勝利的那一天。

人要想在社會中獲得成功，首要必須具備的是不服輸的品格，人生的勝利不在於一時的得失，而在於誰是最後的贏家。只有心存希望，才會為下一次的成功積蓄信心和力量，從而成為最終的贏家。我們常說「勝敗乃兵家常事」，對於一時的失敗，不必太在意，只有經得住挫折的人，才能扛得起成功。

曼德拉出身於南非騰布族的貴族家庭，他的父親是騰布族大酋長的首席顧問，如果曼德拉聽從命運或家庭的安排，他的人生也許是一帆風順的。因為他的父親和大酋長對從小就非常聰明的曼德拉非常看重，想將他培養成下一任的酋長。

但是，當酋長可不是曼德拉的夢想，他的理想是成為一名律師。當他得知自己已經被當作酋長接班人來培養的時候，二十二歲的曼德拉斷然拒絕了，他選擇了逃離他的部族。因為他早就已經下定決心，絕不做統治壓迫人民的事情，而酋長們的一貫作風顯然是跟自己的願望背道而馳的。

當時的曼德拉一路逃到了約翰尼斯堡，開始了新的生活。在這個城市，他大開了眼界，親眼看到白人和黑人天差地別的生活對照：那些悠閒的白人居住在開闊美麗的市郊，居住地到處都是繁華興盛的景象；可是當地的非洲黑人，他們卻被限制在許多城市貧民窟，以及周圍「郊區土著人鄉鎮」，那裡的居住條件非常差，不僅人多擁擠，而且還要不斷地受到員警的突擊抄查，生活相當窘迫。

這樣的社會現實讓曼德拉的政治態度開始改變，黑人殘酷的生活環境以及那種被曼德拉稱為「瘋狂的政策」的種族隔離制度，讓曼德拉決心踏上一條終生為黑人的解放而進行鬥爭的征程中。他參加了「青年聯盟」，領導南非的全國蔑視種族隔離制度運動，組織黑人對白人進行的各種鬥爭。

在1952年，曼德拉由於領導了全國蔑視種族隔離制度運動而被當為政治犯被捕入獄。但這並沒有讓他的鬥爭精神有任何削減，在獲釋後，他繼續投入鬥爭中。

在隨後的日子裡，曼德拉因為帶領南非人民鬥爭曾多次被捕，經常遭到南非當局的通緝。因為鬥爭，使曼德拉妻離子散，很多年都沒能與妻子、女兒團聚，而他的妻子也受他的連累多次被捕。

在1962年，曼德拉更是因莫須有的「叛國罪」被南非當局判為終生監禁。面對長時間的監禁，曼德拉依然沒有服輸，他說：「在監獄中受煎熬與監獄外相比，算不了什麼。我們的人民在監獄內外正在受難，但是光受苦還不夠，我們必須鬥爭。」

因為這種信念的支撐，曼德拉並沒有妥協，更沒有退縮，他在獄中堅持鬥爭，並且拒絕了南非當局開出的「只要放棄鬥爭就給他自由」的釋放條件，他對政府人員說：「我的自由是和非洲人的自由在一起的。」

因為不服輸的個性讓曼德拉在這次的監禁中一直被囚禁了28年。一個人的一生能有多少個28年呢？曼德拉將他人生中最有價值和生命力的28年留在了監獄當中。對此曼德拉並不後悔，他對爭取自由理想的追求始終矢志不渝。

最後的事實表明，他終於勝利了，他被無條件釋放，並且成為南非歷史上第一個黑人總統。而這一切都是因為他鬥志堅定的不服輸個性造就的。

而他放棄原本大好的前途，將南非黑人的民族解放鬥爭當作終生的事業，這種無限的忠誠給了他奮鬥的勇氣，也使他以頑強的意志力和非凡的個人魅力成為南非黑人民族解放的象徵，成為非洲解放的重要標誌，受到全世界的矚目和尊敬。

也許我們的人生不會像曼德拉那樣複雜和具有傳奇性，但是不可否認在我們的一生中，總會碰到各式各樣的艱難險阻。困難或不幸本身並不重要，重要的是，在這些困難和不幸面前，你選擇以什麼樣的心態來迎接它們。

如果你放棄了，那就真的輸了；如果你擁有不服輸的韌性，這些挫折也只不過是歷練你堅強個性的必經之路。困難或許可以將你暫時擊倒，但只要你有一顆不服輸的心，再大的困難也無法將你打敗。

不論成功或失敗，一切都取決於自己。取得成功的要素不在於外在因素，而在於自身實現目標的信心和不服輸的堅定信念。只要信念不倒，我們就可以重新站起來。拿破崙說過：「人生的光榮不在於永不失敗，而在於能夠屢敗屢戰。」

成功的人並不是那些從未被擊倒過的人，而是在屢次被擊倒之後，依然能夠不斷積極地向成功之路邁進的人。

有時候，困難不但不能阻礙我們的前進，相反它可以成為我們更快進步的助跑器。不要在那扇已經關閉的門前哀嘆，用不服輸的精神，去尋找上帝開啟的那扇窗吧。

法則39．挫折是你成長的階梯

坎坷和失敗對於一個人的成長來說是一件好事，孟子說過：「天將降大任於斯人也，必先苦其心志，勞其筋骨，餓其體膚，空乏其身，行拂亂其所為，所以動心忍性，增益其所不能。」這並不是什麼冠冕堂皇的大道理，而是一種對人生切實的感悟。

挫折從來都不討人喜歡，但是它卻是我們成長的階梯。挫折帶給庸人的是苦難，給傑出者帶來的卻是最寶貴的財富。因為牠就像是一條惡犬一樣，總是不經意地向我們撲過來，如果我們選擇畏懼和躲避，這條「勢利」的狗就會兇殘地咬著我們不放。但如果我們面對牠直起身子，朝牠揮舞拳頭大聲吆喝，牠就會夾著尾巴逃走。

格連．康寧罕是美國體育運動史上一名偉大的長跑運動員，他的光輝成就被載入史冊，留在了美國人的記憶中。而這位偉大的運動員卻是在挫折當中成長起來的。

一場爆炸事故給年僅八歲的康寧罕帶來了巨大的痛苦，他的雙腿嚴重受傷，兩條腿上連一塊完整的肌肉都沒有。醫生甚至斷言，他今生再也無法行走，對還是個孩子的康寧罕來說，這種打擊簡直是太殘忍了。但小小年紀的他面對如此重大的挫折並沒有掉一滴眼淚，而是大聲對著自己的父母宣誓：「我一定會站起來的！」

在這種信念的支撐下，康寧罕在手術之後的兩個月便開始自己嘗試下床走動。為了不讓父母看到自己的樣子難過，他總是背著父母練習走路。雖然疼痛一次次將他擊倒，但是在他的意識裡從來都沒有放棄的念頭，即使摔得遍體鱗傷也毫不在意，因為他一直堅信自己還可以站起來，可以走路，可以奔跑。

堅持了兩個月之後，康寧罕的腿可以慢慢伸屈自如，這個成就讓他無比興奮，他想起自己家兩英里外的一個小湖泊，那是他經常和小夥伴們玩耍的地方。他嚮往再一次回到那裡，跟夥伴們一起在碧藍的湖水裡游泳嬉戲。為了這個目標，康寧罕站起來奔跑的決心更加強烈了。

兩年後，他終於完成了這個目標，可以自己走到那個小湖旁了。但這還並不算完，這個被醫生斷定會殘廢的孩子開始練習跑步，他每天追著農場上的牛馬跑。

數年如一日地堅持，讓他的雙腿奇蹟般地強壯起來。他不僅能跑能跳，還成為美國歷史上非常著名的長跑運動員。童年的挫折不僅沒有成為毀掉他一生的磨難，反而成為成就他輝煌的契機，上帝說到底還是公平的。

挫折有時候並沒有那麼可怕，我們害怕的其實不是挫折本身，而是挫折帶給我們的變化。我們不適應那種無所適從的感覺，所以我們排斥，我們痛哭，我們難過，這當然不會給事情有任何的幫助。但是如果我們選擇勇敢地去面對並征服它，我們的人生境界就會立刻變得不一樣。而且，如果我們的人生太順利了，其實對我們的成長沒有好處。挫折和失敗在人生當中總是難免的，它出現的越早，我們的內心才能在抗擊它的過程中變得越堅固，也才能讓以後的人生走得更堅定。

有一個小男孩在草地上玩耍時發現了一個蝶蛹，他覺得很好玩，就把它帶回了家。媽媽告訴他，過幾天這隻蛹裡就會鑽出一隻美麗的蝴蝶，於是孩子熱切地等待著。

幾天以後，小男孩終於發現蝶蛹上出現了一條小裂縫，他看到縫裡的蝴蝶在掙扎，一隻美麗的蝴蝶就要誕生了，這讓他很興奮。

可是，幾個小時以後，他盼望的事情仍然沒有發生，蝴蝶依然在裡面掙扎著，牠的身體好像被卡住了，一直鑽不出來。孩子很想幫這隻可憐的蝴蝶一下，因為牠看起來好像越來越虛弱了，他真怕蝴蝶還沒出來就悶死在裡面。

於是，小男孩拿來一把剪刀，非常小心地剪開厚厚的蝶蛹，蝴蝶終於出來了。但是這隻蝴蝶並不像媽媽說的那樣美麗，牠翅膀乾癟，身軀臃腫，根本就飛不起來，而且沒有多久就死去了。

這讓小男孩很傷心，他跑去問媽媽這是為什麼，媽媽告訴他，是他幫了倒忙，他用剪刀剪開蝶蛹讓蝴蝶失去了成長的機會。

因為蝴蝶的成長必須在蛹中經過痛苦的掙扎，直到它的雙翅強壯了，才會破蛹而出，展翅飛翔。

挫折就是這樣一種東西，它能讓強者更強大，弱者更懦弱。唯有那些能成功擺脫它的人，才懂得是挫折讓自己成長。因為成長本身就是一個痛苦的過程，我們需要經歷各種各樣的痛苦、挫折、磨練，才能脫穎而出。

吃苦貴在先，這是一種人生的領悟，我們不應該害怕生活中的苦，因為能吃得苦，才能承受得起甜。

所以，人越是在年輕時越是不能害怕挫折與歷練，因為那是讓我們成長的階梯，它讓我們的翅膀變得堅強，讓我們擁有振翅高飛的力量。當我們可以在還很年輕的時候將所有的挫敗感用完時，在以後的人生當中，失敗和挫折也就不能再奈何我們了。

彩虹總是在風雨過後才會出現，而只有能夠經受住風雨洗禮的人，才可能看到它的美麗。

法則40．自我欣賞給你前進的力量

懂得欣賞自己、善待自己的人無疑是睿智的，只有愛自己才會發現自身的閃亮處，才能從內心深處給自己以無限的期盼，才能讓自己的人生變得美麗。你是自己唯一的主人，你想成為什麼樣的人，你就能成為什麼樣的人。每個人都會朝著自己心理暗示的那個方向去塑造自我，如果你想成為自己滿意的人，那麼請先學會如何去自我欣賞吧！

每個人都希望能得到別人的尊重和愛，我們生活在這個世界上有絕大部分時間是為了得到別人的認可而努力奮鬥的，尤其是我們的親人、朋友、伴侶。我們希望我們愛的人為我們驕傲，希望所有看到我們的人敬佩我們的才能，豔羨我們的成功。

可是人們也經常有這樣一個煩惱，其實在我們的周圍並沒有太多的人真正注意我們。有時候，我們覺得自己被忽略了，我們的努力和付出沒有得到認可，這些讓我們感到灰心失望。或者還有另外一種可能，就是我們覺得自己太糟糕了，害怕別人看到自己不堪的一面，於是一邊努力掩飾，一邊因為過於緊張而繼續犯錯。

也許我們並沒有意識到，其實以上種種都只是我們取悅別人的表現，我們希望別人看到的是最好的自己，而不好的那一面一定要被掩飾起來。我們希望自己在別人眼裡是完美的，或者至少應該是他們所喜歡和欣賞的，我們需要他們的誇讚才能走的更遠，才更有動力去取得成功。這無疑是一種有些病態的心理，要知道，我們是自己唯一的主人，但是卻在為別人而活。

如果我們得不到別人的欣賞和認可呢？我們又該如何自處呢？是不是要經常生活在自責當中，然後在自怨自艾中痛苦煎熬呢？這當然不行，如此下去，你非得鬱悶死不可。所以，如果沒有人欣賞你，那麼請學會自我欣賞，就像瑪約．賓奇在《沒有人注意我》中所寫的那樣：

「我比拿破崙高一英尺，我的體重是名模特兒威格的兩倍。我唯一一次去美容院的時候，美容師說我的臉對她來說是一個難題。然而我並不因那種以貌取人的社會陋習而煩憂不已，我依然十分快樂、自信、坦然。

……

「我還記得我第一次跳舞時的悲傷心情。舞會對一個女孩子來說總是意味著一個美妙而光彩奪目的場合，起碼那些不值一讀的雜誌裡是這麼說的。那時假鑽石耳環非常時髦，當時我為準備那個盛大的舞會，練習跳舞的時候總是戴著它，以致我疼痛難忍而不得不在耳朵上貼了膏藥。也許是由於這膏藥，舞會上沒有人和我跳舞，然而不管是什麼原因，我在那裡坐了整整4小時43分鐘。當我回到家裡，我告訴父母親我玩得非常痛快，跳舞跳得腳都疼了。他們聽到我舞會上的成功都很高興，歡歡喜喜地去睡覺了。我走進自己的臥室，撕下了貼在耳朵上的膏藥，傷心地哭了一整夜。夜裡我總是想像著，在一百個家庭裡，孩子們正在告訴他們的家長：沒有一個人和我跳舞。」

「有一天，我獨自坐在公園裡，心裡擔憂如果我的朋友從這兒走過，在他們眼裡我一個人坐在這兒是不是有些愚蠢。當我開始讀一段法國散文時，我讀到有一行寫到了一個總是忘了現在而幻想未來的女人，我不也像她一樣嗎？顯然，這個女人把她絕大部分時間花在試圖給人留下印象上面了，而很少時候她是在過自己的生活。在這一瞬間，我意識到我整整二十年光陰就像是花在一個無意義的賽跑上。我所做的一點都沒有什麼作用，因為沒有人在注意我。」

「現在我知道下一回當我走進一家商店，一位營業員翹起她的嘴說，『妳的號碼，夫人？我想我們這裡絕沒有妳要的號碼。』這僅僅是說店裡的存貨不充足。這樣無形中我心裡好像去掉了一個重負，我覺得自己比以往任何時候都輕鬆，更自由。」

席慕蓉說：「人的一生應該為自己而活，應該學著喜歡自己，應該不要太在意別人怎麼看我，或者別人怎麼想我。其實，別人如何衡量你也全在於你自己如何衡量你自己。」快樂不是靠別人給的，如果沒有人仰慕，我們還是要生活下去不是嗎？所以為了讓自己像瑪約．賓奇那樣生活得更加自由和輕鬆，那麼就請學會欣賞自己吧。

當然，欣賞帶給人的不僅僅是放鬆和自由，而是在自我欣賞之後產生的一種積極向上的情緒和動力，可以讓我們在不被認可的情況下，依然可以靠自我鼓勵，繼續創造屬於自己的美好生活。

一個女作家曾經講述過這樣一個故事：這是她在一個德語學習課上遇到的，跟她同班的一位女同學做了這樣一個引人注目的自我介紹，她說：「大家好，我是來自塞爾維亞的瑪莉亞。我的父母在1999年的科索沃戰爭中，雙雙被炸彈擊中身亡。在我婚後的第10年，我深愛的丈夫對我說，『瑪莉亞，妳煮的咖啡非常難喝。』然後他便跟一個法國女人走了。當時，塞爾維亞的經濟很不景氣，於是我失業了。我對上帝說『上帝啊，這個女人變得一無所有了』，上帝卻說，『悲觀的女人才會變得一無所有！』於是，我來到慕尼黑，準備新的生活。我在一家咖啡店找到了工作，因為我煮的咖啡簡直棒極了，我愛死我自己了！」

「我愛死我自己了！」一句簡單得不能再簡單的話語，你對自己說過嗎？愛默生說：「一個人就是他整天所想的那些。」你想什麼，你就是怎樣的一個人。這是自我暗示的強大力量，從這個層面上講，「心想事成」並不是一件可望不可及的事情。如果我們想要好的結果，那麼請給自己充滿自信的美好期待，你相信事情會順利進行，事情一定會順利進行；你相信自己是美好的，那麼你就是美好的。你需要的正是心底的這份自信，它會指引你變成期待的那個自己。正因為你愛自己，你的生命才會珍愛你。

法則41．承認錯誤是勇敢者的表現

承認錯誤，是勇敢者的一種表現，而且最終的受益者永遠都是我們自己。我們因此卸下了心頭的包袱，不再飽受良心的煎熬，同時還拿回了事情的主導權。所以，如果我們真的做錯了，為了我們自己就勇敢地承認吧！

承認錯誤的確是一件很難的事情，它需要莫大的勇氣去突破自己的心理障礙。因為承認自己的錯誤無疑是對自己的一種否定，等於說自己當初的判斷是愚蠢的。同時我們還要為此承擔善後的責任以及他人的責難，因此，雖然對待錯誤，幾乎每個人都知道應該認錯，為錯誤承擔責任，然而真正犯了錯，很多人的做法卻是推卸責任，不停地找藉口。

我們以為只要自己死不承認或者抵死狡辯，別人就不能把自己怎麼樣，這樣做當然不能解決任何問題，而且會使我們陷入各種各樣的困境，這些困境正是我們自己的固執、自私以及怯懦造成的。而這種死不認帳的結果只會獲得他人的反感和厭惡。

1986年底，記者曝光了「伊朗門事件」，媒體揭露了美國總統雷根曾經秘密向伊朗伊斯蘭教什葉派領袖霍梅尼出售武器。雷根做出的第一反應便是竭力遮掩，直到再也遮掩不住，他又開始推卸責任，先是推到他的國家安全助理頭上，接著又推到白宮辦公廳主任唐納德．T．里甘頭上。雷根的做法導致他在數月中慘遭媒體圍攻，並被國會調查。

四個月之後，在民意調查中，他的支持率降低二十個百分點，無奈之下，他才選擇了承擔責任，承認錯誤。

與雷根不同，美國總統布希雖然頻頻犯錯，但在國內仍然頗受歡迎，而其關鍵就是，他敢於承認自己的錯誤。

許多人即便知道除了承認錯誤是最好的選擇，也不會認錯，除非事情已經完全沒有了轉圜、狡辯的餘地，雷根總統就是如此。但是他並不明白人們無法原諒不認錯的人，因為不認錯意味著虛偽、死不悔改、沒有擔當。

當然，也許有很多人之所以不敢承認錯誤，是因害怕受到他人過多的責難。事實上，這種擔憂是完全沒有必要的。人們往往不會苛求敢於承認錯誤的人，對認錯的人，人們會寬宏得多，而且大家都會覺得在一開始的時候就承認自己的錯誤的人是誠實可信的。人們可以原諒犯錯的人，畢竟這個世界上誰也不是聖人，犯錯是難免的。主動認錯是做人應該具備的品質，也是負責任的態度，更是獲得他人認可和尊敬的前提條件。

卡內基住在紐約市中心，離家不遠的地方就有一片森林，這讓卡內基可以經常去那裡遛狗。因為森林裡幾乎沒有其他人，卡內基就沒有按照規定給他的狗戴上口套和皮帶。

有一次，一位騎警看到了，他嚴厲指責了卡內基。卡內基解釋說：「這裡並沒有什麼人，所以才沒有給狗戴口套和皮帶。」但立刻換來了騎警更加嚴厲的指責：「你雖然覺得不戴口套和皮帶沒有什麼影響，但你違反了法律。要等到你的狗咬死了松鼠、咬傷孩子你才會意識到問題的嚴重性嗎？請你遵守法律，給你的狗戴上口套和皮帶，否則，我會請求法官懲罰你。」

後來，卡內基每次都按照規定給狗戴上口套和皮帶才帶牠去森林散步。只有一次，卡內基忘記給狗戴口套和皮帶，偏巧又碰見了那位騎警。

當騎警叫住卡內基的時候，卡內基心中暗叫：「糟了！慘了！」他沒等騎警開口，就趕緊說道：「警官先生，這次您又當場逮到了我。我錯了，我錯了！是我不好，我沒有給狗戴口套和皮帶，這次我沒有託辭，沒有藉口了。我知道我違反了法律，請你按

照規定處罰我吧！」

然而，如此嚴厲的騎警卻沒有在卡內基屢教不改的情況下，像上次一樣嚴厲斥責，反而很理解地說道：「我理解，在如此人跡罕至的地方，這樣帶著狗散步，的確是一件非常愜意的事情。但下次要注意！」說完，騎警就走了。

真是令人難以置信，一個如此嚴厲的員警居然能如此輕易地就諒解了屢次違反法令的卡內基。然而，我們應該試想一下，如果卡內基沒有主動承認錯誤，表示願意承擔後果，而是試圖為自己的行為辯解的話，騎警還會如此輕易地諒解他嗎？其結果恐怕卡內基真的要去見法官了。所以，如果我們犯了錯，就應該承認錯誤，這不僅是一種勇氣，更是一種做人的智慧。

一個敢於認錯的人，可以得到他人的諒解以及周圍人的尊重，因為這樣做是為自己樹立了勇於承擔責任的形象，而且當你主動承認錯誤時，就已經避免了別人拿你的錯誤進行攻擊。

如卡內基所言：「承認自己也許會弄錯，就能避免爭論，而且，可以使對方跟你一樣寬宏大度，承認他也可能有錯。」另外，承認錯誤對於自身而言也是非常有好處的，它為你提供了磨練自己面對錯誤的勇氣和解決錯誤的能力，是一個絕佳的學習機會。無論如何，承認錯誤比掩飾錯誤和自我狡辯容易得多，我們為什麼一定要選擇一條難走的路來難為自己呢？

法則42．堅持需要毅力，更需要勇氣

在人生的道路上，始終牢記自己的理想，不因難以實現而放棄它，不因備受失敗的打擊而拋棄它。這並不是一件容易的事，因為現實總能輕易地將我們的努力抹殺掉。而我們屢次遭遇失敗，仍能毫不猶豫地努力向前，更需要一種勇氣。

很多人的人生是這樣的：小的時候想當科學家，再長大一點想當老師，再後來工作了想當個有錢的大老闆，再後來不知怎麼的就沒有理想了……這些人當中天資聰穎的人很多，但真正成功的人卻很少，究其原因，很大程度上是因為不能堅持自己的理想，或者放棄了自己的理想。而那些能夠對理想不拋棄、不放棄的人，即使沒有那樣聰穎的天資，甚至可能存在某方面的缺陷，也終有一日會夢想成真。

世界第一位女性打擊樂獨奏家是劍橋郡的伊芙琳．格蘭妮。她就是一個對自己的理想無比堅定的人，而她也因此獲得了巨大的成就。

伊芙琳．格蘭妮出生在蘇格蘭東北部的一個農場，喜愛音樂的她，從八歲時就開始練習鋼琴，並顯露出在音樂方面特殊的天賦。隨著年齡的增長，她對音樂的癡愛與日俱增，並決定選擇音樂做為自己一生永恆不變的追求。她立志成為一名出色的打擊樂獨奏家，雖然在當時這類音樂家還沒有出現。

但是，她卻不幸地失聰了。然而，這並不能阻礙她對音樂的熱情。為了演奏，她嘗試著用不同的方法「聆聽」其他人演奏的音樂。例如，她只穿著長襪演奏，這樣她就能透過身體和想像，感覺到每個音符的振動，她幾乎用自己所有的感官來感受著她的整個聲音世界。在從事音樂的道路上，她決定「一意孤行」，決心成為一名音樂家，而不是一名耳聾的音樂家，為此她向倫敦著名的皇家音樂學院提出了申請。

幸運的是，雖然學院以前從來沒有一個耳聾的人提出學習音樂的申請，但是她的演奏征服了所有的老師，得以順利入學，並在畢業時榮獲了學院的最高榮譽獎。而且，她為打擊樂獨奏譜寫和改編了很多樂章，成為第一位專職的打擊樂獨奏家。

伊芙琳．格蘭妮在一開始就下定了決心，不會僅僅由於醫生的診斷而放棄對音樂的追求，她相信自己能夠在這條路上走得更遠，而事實也證明她做到了，而且非常優秀。路要靠自己走，倘若伊芙琳．格蘭妮在患病後就放棄自己的理想，她完全可以說「我已經與音樂絕緣了」，但是她卻並沒有把重病當作放棄理想的藉口，而是依然朝著理想邁進。

伊芙琳．格蘭妮是值得人們尊敬的，她所獲得的成功也是理所當然的。她真正做到了對理想的堅持，即使在理想要「拋棄」她的時候，她仍然用自己的毅力來克服一切困難來完成它。就像巴甫洛夫說的那樣：「如果我堅持什麼，就算是用炮也不能打倒我，而我終將獲得成功！」

但凡成功的人，除了個人能力之外，擁有的正是這份堅持下去的毅力。而毅力的背後，需要的更是一種勇氣，因為成功的路很長很遠，且充滿艱險，除非是一個勇敢的人，否則是不可能經歷起那麼多的挫折後，依然能奮勇向前的。

莎莉．拉斐爾是美國一家電臺的廣播員，在她的三十年職業生涯中，曾遭到十八次辭退，然而每次被辭之後，她依然對自己廣播員的理想堅定不移，而且會放眼更高處，為自己確立更遠大的目標。

在一開始的時候，美國幾乎所有無線電臺都認為女性播音員是不能吸引聽眾的，所以當時沒有一家電臺肯雇用莎莉。但莎莉並沒有氣餒，為此她搬家到了波多黎各，並且開始苦練西班牙語，終於在電臺獲得了一個職位。她為此付出了很多，有一次甚至自己付旅費飛到事發地去進行報導。

儘管她如此努力，她還是被辭退了，那家紐約的電臺說她跟不上時代，結果她為此失業了一年多。而在隨後的職業生涯中，她不斷地遭到辭退，但是又不斷地重新進入角色，直到她成功的那一天。

當時莎莉想向一位國家廣播公司電臺職員推銷她的清談節目構想，雖然聽過這個構想的人都非常喜歡，但是卻並沒有幫莎莉將她的想法變成現實。莎莉一直都不放棄，直至第三個聽過她構想的人答應為止，但是對方也提出了條件，那就是讓她將其做為政治節目來主持。

對此，莎莉有些擔心：「我對政治知道的並不多，恐怕很難成功。」但是她的丈夫熱情地鼓勵她去嘗試一下。正是在那一次，莎莉終於嚐到成功的滋味。那是1982年的夏天，莎莉的節目終於開播。當時的她已經有了多年的廣播經驗，對此早已駕輕就熟。儘管她不懂政治，但是她利用自己善於播音的長處和平易近人的作風，大談當時的美國國慶對自己有怎樣的意義，同時邀請聽眾打電話到現場來暢談他們的感受。

聽眾立刻對這個新穎的節目形式產生了興趣，莎莉因此一舉成名，她的成功也為電臺節目開創了一個全新的形式。

後來，莎莉．拉斐爾成為自己電視節目的主持人，她曾數次獲獎，在美國、加拿大和英國擁有數以百萬計的觀眾。對於自己的成功，莎莉說：「我遭人辭退了十八次，本來大有可能被這些遭遇所嚇退，做不成我想做的事情，但是結果相反，我讓它們鞭策我勇往直前。」

每一個成功的人都知道，有抉擇就會有風險，莎莉是一個勇於承擔風險的人，所以她才將自己成功道路上的一切風險都承擔了下來，始終堅持自己的理想，最終獲得傲人的成績。其實僅僅是她的這份毅力和勇氣就已經足夠讓人敬佩的了，試問你如果遭人辭退十八次，依然還有堅持下去的勇氣嗎？如果你的回答是肯定的，那麼恭喜你，你離成功已經不遠了。

法則43．敢於冒險才能降低風險

有句話說：「越危險的地方就越安全。」危險與安全似乎是兩個完全對立的個體，但是在很多時候，往往只有那些敢於冒險的人，才能將面臨的風險降到最低。

在這個世界上沒有任何事情是萬無一失，永遠保險的，如果我們害怕面對風險而止步不前，只會將自己推入一個更加被動的境地，因為不肯冒任何風險的人往往面臨更大的風險。在經濟學中有一個名詞叫做「沉沒成本」，說的就是用「冒險」來降低風險的故事。

通往澠池的路只有一條，而且非常窄，是單行道。

一天，一輛載滿瓦甕的車因為不小心陷進了泥坑，堵塞了交通。瓦甕的主人嘗試著努力把車推出來，但由於旁邊就是懸崖，而且又恰逢雨季，路很滑，因此他並沒有成功。隨著時間的一點一點的流逝，後面等著的車輛和行人也越來越多。糟糕的是，天色漸漸暗了下來，眼看著就要下雨。而所有的車輛都堵在懸崖邊上，一旦天黑，所有來往的車輛都將面臨極大的危險。

正在眾人焦急的時刻，一位叫劉頗的鹽商從隊伍的後面揚鞭而至，看到瓦甕的主人仍然在努力地推車，但是車卻在泥坑裡越陷越深。

劉頗開口問道：「你車上載的瓦甕一共值多少錢？」

主人回答說：「七八千錢。」

劉頗立即從懷裡掏出錢袋付給瓦甕的主人八千錢，說：「你的瓦甕，我買下了。」然後，命人把瓦甕全部推下山崖，這才疏通了道路。劉頗即時地將自己的鹽運進了澠池，從而避免遭遇重大損失。

對於劉頗來說，他用來買瓦甕的八千錢就是經濟學中人們常常提到的「沉沒成本」。試問，如果劉頗沒有勇氣，冒險去放棄這些沉沒成本，那麼他的鹽很可能就被即將到來的大雨沖走，而運輸的車隊也很可能在懸崖遭遇更大的危險。

生活中，像劉頗這樣敢於冒險的人並不多。大多數人往往習慣於去躲避風險，或者等待風險自動解除，這跟坐以待斃其實沒什麼兩樣。我們不願意冒險的結果，往往是損失更多更有意義和價值的東西。而有些時候，我們越覺得危險的地方，反而是越安全的。如果我們害怕冒險，而選擇一條看上去相對安全的做法，其實才是真正將我們推向了深淵。

這是一個登山專家的經驗，他會告訴你：「如果你在半山腰，突然遇到大雨時，你應該向山頂走。」

這時一定有人會問：「山頂的風雨不是更大嗎，為什麼不往山下跑呢？」

登山專家的答案是：「往山頂走，固然風雨可能會更大，但是它終歸只是風雨而已，不會威脅到你的生命。而你如果向山下跑，那樣看上去風雨小些，好像也安全一些，但是如果山洪爆發，你就有可能被活活淹死。」

「對於風雨，逃避它，你只有被捲入洪流；迎向它，你卻能獲得生存。」這是登山專家的經驗之談，也是人生的偉大哲理。

在我們的一生當中，風雨是無處不在，無時不有的。如果見到風雨我們就想往後退，那麼勢必會將我們推入一個危險的境地。人生的道路雖然有很多，但是屬於你的最終也只有那一條，你所謂的看起來平坦的「退路」也許是自己走過的，但是它卻未必真的安全，你走過它時，也許風平浪靜，但不代表下一刻它不會變得波濤洶湧。

在適當的條件下規避風險是智者的表現，可是如果風險在所難免，那麼直接面對風險才是明智的選擇。這種做法雖然有時候會讓我們截斷自己的後路，看起來少了一種機會，但恰恰也是這種做法讓我們有了勇往直前的勇氣。

西元前一世紀，凱撒大帝統領他的羅馬大軍準備進攻英格蘭。

當時的凱撒充滿了必勝的信心，但是他手下那些長途跋涉的士兵卻並不一定這麼認為。所以，他必須讓手下跟自己一樣不顧一切奮勇向前。為此，他想到一個辦法。

當所有將士都抵達英格蘭後，凱撒命人將運送的船隻全部聚在一起，然後在全軍將士的面前將這些可以運送他們回國的船隻一把火燒掉了。

驚愕的士兵們在沖天的火光中，聽到他們的領袖振臂高呼：「我親愛的士兵們，你們已經看到，現在我們所有的船隻都已被燒掉。這就是說，我們已經沒有任何退路，我們的處境相當危險，除非我們能夠將敵人打敗！」

士兵們都已經明白，他們真的是沒有退路了，必須冒險突擊，而且必須成功，否則只能等死。

於是這支破釜沉舟的軍隊在他們的領袖帶領下，一路向前，奮勇作戰，終於獲得了戰爭的勝利。

這種冒險的行為看起來有些過激，卻將更大的危險降到最低。我們的人生跟這支軍隊沒有任何區別，只有不給自己留退路，我們才可能變得專注，才可能鼓足勇氣全力去實現自己的目標，才能像捨掉「沉沒成本」和像遇到山洪時那樣避開人生當中真正的危險和災難。

法則44．上帝青睞勇敢的人

我們常常羨慕那些受到命運垂青的人，但卻很少意識到，很多時候並不是因為我們的智力、知識比不上他們，而是缺少了敲開成功大門的勇氣。

中國有個成語叫做「魚躍龍門」，說的是鯉魚一旦越過龍門之後，就會變成一條真龍一飛沖天。其實我們每個人都像一條生活在池中的鯉魚，我們夢想著自己可以飛上雲霄去行雲佈雨、騰雲駕霧。可是為什麼大部分人終其一生依然還是那條池中之物呢？因為我們缺少了越過「龍門」的勇氣，不敢去嘗試。於是有的人放棄了，一輩子甘心做一條「鯉魚」，甚至早早被送上了餐桌；而有的人勇敢地來到人生的「龍門」，一路向上攀登，最終獲得成功。上帝就是這樣，祂更喜歡那些勇敢去做的人。雖然人與人的資質並沒有多大差別，但是有沒有邁出那勇敢的一步，最後是有本質區別的。

十九世紀末，在倫敦某遊戲場內的演出中，臺上的演員剛唱沒兩句就突然發不出聲了，觀眾看到這種狀況已經亂作一團。有的觀眾甚至開始起哄，叫嚷著要去退票。

劇場老闆非常著急，如果退票的話他就只能賠本了，而且劇場的聲譽也將毀於一旦。於是，他立刻找人救場，然而找了一大圈也沒有發現合適的人，老闆更加焦急了。

這時，台下一個只有五歲的小男孩勇敢地站了起來：「老闆，讓我試試可以嗎？」小男孩的眼神是堅定和自信的，而且他的聲音也讓劇場頓時安靜了下來，人們頓時對這個乳臭未乾的小男孩產生了濃厚的興趣。老闆看到他雖然是個孩子，但是膽量卻很足，而且現在好像也沒有什麼更好的辦法了，於是同意他上臺試一試。

小傢伙站到臺上開始又唱又跳，而且詼諧的動作和生動的表情把觀眾逗得很開心，歌才唱了一半，就有很多觀眾開始向臺上扔硬幣了。小男孩受到了鼓舞，他一邊滑稽地撿著扔到舞臺上的錢，一邊唱得更加賣力了。在觀眾熱情的歡呼聲中，這個小男孩一下子唱了好幾首歌。他不僅幫劇場老闆圓了場，還賺到了不少的外快，讓很多人愛上了自己。

幾年之後，一個兒童劇團接迎法國著名的醜星馬塞林。在表演中，馬塞林說自己需要一個演員來演一隻小貓，希望有一個人可以站出來配合他。

但是，馬塞林在當時的法國名氣非常大，他的表演幾乎完美，想要跟他合作需要非常好的專業表演技巧和舞臺經驗才行。很多專業的演員為此都不敢接受這個角色，他們害怕在大師面前演砸了，也害怕自己在嚴厲的大師面前出醜。

這時那個長大了一點的小男孩再一次勇敢地站了出來。所有在場的人都為這個孩子捏了一把汗，大家都覺得這個孩子太莽撞了，如果演不好他可能會被趕出劇團的。可是結果卻出乎意料，他和馬塞林配合得非常有默契，博得了台下觀眾熱烈的掌聲。而這個小男孩也從此為大家所熟知，並且在長大以後成為舉世矚目的幽默藝術大師。

沒錯，這個人就是查理．卓別林。

人如果說成功是天上的餡餅，那麼我們也要勇敢地伸出雙手去接住它才行。很顯然，卓別林正是那個敢於伸手的人。他因為自己的大膽嘗試，讓世人認識自己的與眾不同，也給自己大放異彩的機會。也正是這又一次的大膽嘗試，讓觀眾驚豔的同時也磨練了自己的舞臺經驗，開闢了屬於自己的成功之路。而很多時候，我們之所以沒有成功，並不是我們缺少成功的條件，而是缺少大聲說一聲「讓我試試看」的勇氣。

上帝跟我們一樣，總是對那些勇敢挑戰的人另眼相看。因此，如果你想獲得上帝的青睞，就必須站出來讓祂看到你才行。你要清楚，勇敢嘗試你所不敢做卻對你的人生有幫助的事情，並不是一種無畏的冒險，而是一種對人生和自我的開拓。你只有不停地去嘗試，不停地去開發，才能不停地發掘自己體內蘊藏的寶藏，才能獲得最豐厚的財產。

Chapter 5

有人氣才能有底氣

一個人若想成功，單憑自身的力量是非常難以實現的。我們需要更多的人來幫助。這並不代表你沒有能力，相反能將這麼多的人力資源收歸己用，更是一種有能力的表現。而善待這些資源，你會走得更遠。

法則45．擁有好人際才能有底氣

不管是「一個好漢三個幫」還是「眾人拾柴火焰高」，都說明了群體的力量是強大的。圍繞在我們周圍的人越多，說起話來才越有底氣；掌握的人力資源越多，做起事來才越有力量。

很多人認為只要努力工作就可以受到別人的關注，得到應有的報酬，這種想法雖然沒錯，但是如果能「眾人拾柴」，為什麼非得讓自己「單打獨鬥」呢？聰明的人是不會僅憑一己之力打天下的，因為現實中的很多事情也不是單靠個人的努力就能做好的，學會借用人脈的力量你才更容易取得成功。

睿智的人做事猶如在做一道高深的計算題，解題時不能盲目地埋頭苦幹，而是找出簡單方法和所遵循的規律來計算，不但可以節省時間，還能讓得出的答案準確無誤。

再過一週，公司招聘進來的十名試用生就要淘汰九人了。這十名試用生都是衝著總裁助理的職位來的，這個職位相當誘人，競爭十分殘酷。

面對最後的競爭，黛西十分清醒，競爭對手個個都在摩拳擦掌對總裁助理的職位志在必得，她只有更加勤奮地工作才能確保不被淘汰出局。

辦公室每個人都是忙忙碌碌的，只有下班鈴聲響起才彷彿得到了真正的解放。黛西是一個細心的女孩，她發現很多時候同事們走得過於匆忙忘記關掉電腦或印表機、傳真機。

漸漸地，她成為辦公室最後一名走出去的員工，因為每天下班她都要檢查同事的電腦是否關上，辦公室空調是否還在運轉……

只有確認辦公室的辦公設備全部關閉並拔掉電源後，黛西才會放心地回家。黛西的做法很快引起了同事的注意，而且因為黛西平常對每個人都極力配合，這讓大家對她表示感激的同時，更多了一份好感。

一週的時間轉瞬即逝，黛西即將面對裁決。對於最後的裁決她心裡並沒有自信，因為她只是處理一些日常工作，並沒有什麼出色的地方。當人事經理宣布黛西是最後入選的人員時，她愣住了，沒有想到幸運女神竟如此眷顧自己。

事後，人事經理告訴黛西，公司之所以選中她是因為她的勤奮和合作。這次的裁決並不是人事經理一

個人的決定，而是透過部門的同事投票決定的，黛西因為受到了同事的歡迎，最終以絕對的優勢高票當選。

人的能力在很多時候都是相差無幾，既然成為備選，那就說明每個人都有適合的潛質，但為什麼只有黛西一個人可以獲得最終的機會呢？這就是個人能力之外的事情了，而受不受大家歡迎在這裡發揮了至關重要的作用。

如果我們想獲得成功，不妨仔細觀察一下那些成功者，就會發現除了能力之外，他們還有一個共同之處，那就是他們的人際關係都非常廣泛。

美國前總統柯林頓之所以能夠成功贏得競選，成為美國歷史上著名的總統之一，與他擁有非常廣泛的人際關係是分不開的。

在競選的過程中，柯林頓的那些擁有高知名度的朋友扮演了舉足輕重的角色。這些朋友當中，有他兒時在熱泉市的玩伴，年輕時在喬治城大學與耶魯法學院的同學，還有他畢業之後當羅德學者時的舊識……

這些名人聚合起來的能量，就像一個巨大的小宇宙，為了能讓柯林頓競選成功，他們全力支持他，為他四處奔走。

在競選成功後，柯林頓不無感慨地說，朋友才是他生活之中最大的安慰。

因為有了朋友的鼎力支持，柯林頓才得以在競選當中更加有自信，因為他的身後有那麼多的助力推動他，他想不成功都難。這正如作家史坦利所說：「成功是一本厚厚的名片簿，更重要的是成功者廣交朋友的能力，這或許是他們成功的主因。」我們只有擁有了廣泛的人際關係，才能在無形中建立起一個龐大的資訊網，這樣我們就比別人多了許多成功的機遇和橋梁，成功的勝算自然更大一些。

俗話說：「在家靠父母，出外靠朋友。」我們要在社會上行走，如果沒有良好的人際關係，一個朋友都沒有，單憑自己的力量絕對不可能成大事。

也許朋友多並不一定能夠成大事，但朋友多卻是成大事的先決條件之一，所以我們要盡可能的多交朋友，因為這是人與人必須交往的社會。唯有正確穩妥地面對和自己產生交集的人，並用心維護，才能令自己的好人緣無處不在。

尤其在這個物競天擇的時代，想有一番作為，就必須要掌握八面圓通的本領，只要這樣才能讓我們擁有人氣和底氣，才能在事業上開創一條康莊大道，奔向成功。

法則46．對手也可以是你的幫手

有對手不一定是壞事，雖然我們和對手之間存在著競爭關係。如果我們能夠正確處理這種關係，我們就可能和對手化敵為友，甚至讓對手成為自己的幫手。而這一切的前提是，請你先伸出友好的手。

有人說：「你的對手所給你的東西往往比朋友給你的還要珍貴。」這句話不無道理。在這個充滿競爭的時代，朋友或者對手都不是固定和必然的模式，有時候朋友會成為對手，有時候對手能成為朋友，關鍵是看我們自己怎麼去做。

從辯證法的角度來看，事物都會有正反兩面，競爭也不例外。一方面，競爭可以成為前進的動力，對個人的發展發揮出促進的作用。另一方面，只要有競爭必然會出現勝負兩方，如果勝者驕傲輕敵就會喪失戰鬥力，在下一輪競爭中失利；失敗者如果委靡不振，自卑嫉妒，則會產生極大的負面影響。

如何面對競爭，如何對待競爭對手，於人於己都是一門學問。

如果將競爭對手視為敵人，做好與他拼個你死我活的準備，不但令自己經常緊繃的神經處於備戰狀態，而且還會使自己心情緊張，往往顧此失彼。學會和競爭對手和平相處，試著擁抱對方，你可能會有意外的收穫。

大衛大學畢業後自主創業，在經過多年打拼已成為一家服裝店的經理，在大衛旁邊還有一家銷售相同服飾的小店，兩家店競爭氣勢十足。

剛開始，為了壟斷客源，大衛不得不以打折銷售的方式吸引顧客，但是旁邊的店竟然以更低廉的促銷活動吸引了購買者的目光。面對日益下降的營業額與利潤，聰穎的大衛進行了冷靜地分析與思考，最終，他決定與競爭對手好好談談。

大衛微笑著找到對方，並禮貌性地打了招呼，說道：「我認為我們兩家店再這樣惡性競爭下去都將是受害者，這樣不計成本地下調銷售價格只能令利潤空間越來越小，從而自己淘汰了自己。我們應該合作，共同制訂銷售價格規則，並且遵循這個規則來進行銷售，達到雙方的共贏。」

對手盤算了一下，他們周邊只有這兩家小店，地理位置和客源都非常好，假如兩家店能夠公平競爭聯手合作，那麼於人於己都是件樂事，於是毫不猶豫地答應了大衛的合作要求。

果然不出所料，由於價格合理並且兩家店幾乎涵蓋了此類服飾的所有樣式，生意自然財源滾滾，日進斗金。

競爭總是不可避免的，涉及利益之時難免要分出個伯仲，而一味排斥對手通常會落得兩敗俱傷。反之，抱著欣賞競爭對手的心態，可能會贏得人心，壯大自己的力量。當然，我們的競爭對手如果有那麼一點頑固，非要把你打敗不可，你也許可以試試以德報怨的方式來解決。

喬治是一位經營瓷磚的商人，生意一直不錯，可是最近由於另一位對手的惡性競爭而使他陷入困境。對方在他的經銷區域內定期走訪了建築師與承包商，並告訴他們：「喬治的公司不可靠，他的瓷磚品質不好，生意也面臨即將停業的境地。」喬治聽到這個消息後，心情糟透了。

在一個星期天早晨，他聽一位牧師說：「人生在世，第一功德是要施恩給那些故意跟你為難的人。」喬治認真地把每一個字都記了下來。接著，他告訴牧師，就在上個星期五，他的競爭者使他喪失了一份五十萬塊瓷磚的訂單。牧師告訴他要以德報怨、化敵為友，而且列舉了很多事例來證明這一理論的正確性。

當天下午，在喬治安排下週的工作日程時，發現一位遠道而來的顧客正為一批瓷磚而發愁。可是他所指定的瓷磚卻不是喬治的公司所能製造供應的那種型號，而是與那個競爭對手出售的產品很相似。同時喬治也確信那位造謠生事的競爭者絕對不知道有這筆生意的機會。

這件事使喬治感到左右為難。如果聽從牧師的忠告，他覺得自己應該把這一商機告訴對手，並祝福他順利簽下合同。但是，如果按照自己的本意，他寧願對手永遠也得不到這筆生意。

牧師的忠告一直縈繞在喬治的腦海。最後，也許是因為很想證實牧師是錯的，喬治拿起電話撥到競爭者的家裡，並很有禮貌地直接告訴他，有關那筆生意的消息。

那位對手一下子變得結結巴巴，說不出一句完整的話來。但是很明顯，他非常感激喬治的幫忙。喬治還答應打電話給那位建築承包商，推薦由競爭對手來承接這筆訂單。

以後事情的發展令喬治深感意外。競爭對手不但立刻停止散佈有關他的謠言，而且還把他無法處理的一些生意轉給喬治做。現在，他們之間的一切陰霾已經煙消雲散，生意也日益火熱起來，更重要的是，喬治還因此獲得了寬容、誠信、正派的名望。

在這個時代，競爭與合作是相輔相成、相互依存的關係，是你中有我，我中有你的交融狀態。與競爭對手聯手並不是不可能完成的任務，當真正與競爭對手成為夥伴，對雙方本身都是一種壯大。

由此看來，試著擁抱競爭對手，不但可以為自己注入前行動力，還可以讓我們寬容、仁愛的一面閃爍發光。

法則47．你身邊的人有可能就是你的貴人

生活中從來不缺少貴人，他們可能是你的上司、同事，也可能是你的朋友、親人，甚至是萍水相逢的陌生人。當我們努力和付出變得有價值時，這些貴人就會如期而至在身後默默支持。所以，請善待身邊的每一個人，說不定哪一天他就會成為你的貴人。

大作家伏爾泰說：「人世間所有的榮華富貴不如一個好朋友。」一個人的成功往往需要貴人相助，而在很多時候我們的朋友正是我們的貴人。

在春秋戰國時代，有一個非常著名的人物，他就是齊國的管仲。但是在管仲成名之前，他曾是一個人人都討厭的傢伙，與朋友做生意，也沒貢獻多大的力量，卻要分更多的錢；當兵的時候戰敗，第一個逃跑。唯一的優點，就是他有一個有錢又忠誠的朋友鮑叔牙。鮑叔牙為管仲做了很多事，可是管仲卻還常常佔好朋友的便宜，所以就更讓大家看不起。除了鮑叔牙之外，管仲幾乎沒有任何人緣。

這樣的一個人應該一輩子都不會有出人頭地的機會了吧？當然不是。我們大家都知道，管仲

最後還輔佐齊桓公成就了霸業。

那麼管仲這樣一個讓人討厭的傢伙是怎樣成功的呢？還是因為他遇見了自己生命中的貴人鮑叔牙。

鮑叔牙在管仲的仕途上發揮了舉足輕重的作用。他說服了齊桓公，讓他寬恕曾經為了幫助公子糾與齊桓公爭奪王位而設計暗殺他的管仲。因為鮑叔牙知道管仲的才能究竟有多大，所以鮑叔牙勸齊桓公，如果他想稱霸天下，就必須拋棄私仇，拜自己的仇人管仲為相。結果，齊桓公聽取了鮑叔牙的建議，管仲才得以脫穎而出，成為春秋時期的風雲人物。

想要獲得成功單靠自己的力量顯然是不夠的，在很多人生的關鍵時刻，我們都需要貴人的提攜。就連管仲那樣一個令人討厭的人都能成為一代名相，可見貴人的能量是多麼巨大。

當然，貴人不僅是古人才有的專利，現代人的生活中，隨時都有貴人的影子。帶給你領悟、鞭策和力量的良師；帶給你感情、安定和多種幫助的伴侶；帶給你理解、溫暖和安慰的知己；帶給你機會、賞識和長進的上司；帶給你支援、幫助、忠誠和方便的同事、下屬；帶給你視野開闊、趣味的各路朋友……

家馨是主管上司親自招聘進來的員工，上司無論指派何種任務她都能夠即時出色的完成。上司對她讚賞有加，有意進一步培養。家馨也不負上司厚望，努力工作並在工作完成之餘費心盡力地策劃新的方案。家馨新鮮的想法往往使上司眼前一亮，為此上司有意加大工作量對她能力和人品做一個全方面的考驗。追求完美的家馨加班進行工作，並且源源不斷地給予上司驚喜。在上司的指點下，家馨深諳自己工作的精髓，並對公司整個謀劃策略了然於胸，上司看到時機成熟，便向董事長舉薦家馨。於是家馨順利晉職，獨當一面。

家馨的成功來自於上司的提攜，但是我們也不要以為只有那些有權有勢的人才可以對自己的成功有所幫助。在適當的時機，任何一個普通人都可以成為你扭轉乾坤的貴人。因此，對身邊的人一定要以誠相待，那些毫無誠意的點頭之交對於我們的成功沒有什麼太大的意義，我們必須透過控制自己的誠意和付出為自己創造更多成功的可能。

安妮在負責某家具品牌的市場活動，與客戶合作時，她都會殫精竭慮地為客戶著想，力求將活動進行的完美又把成本降至最低。安妮認真負責的做法令客戶十分滿意，在以後合作的客戶都會點名請安妮來幫忙。客戶發展得越來越快，於是向總部申請籌備一個更大的公司，而所選的新公司負責人就是安妮，並且力邀她加盟。透過多次合作，安妮和對方已是對彼此瞭解，就像相識多年的朋友，想縱向發展的安妮愉快應邀。

安妮的認真努力成就了自己，但她沒有想到，關鍵時刻的貴人竟然是自己的客戶。

安妮的貴人是她的客戶，那你的貴人又會是誰呢？每個人都有可能。貴人不會把「貴人」兩個字寫在腦門上，但有五個顯著的特徵可以幫助你按圖索驥找到生命中的貴人。

特徵一：無條件挺你。無論是你春風得意還是落魄失意，經常站在你的身邊，安慰並鼓勵你的人，絕對是你的貴人。

特徵二：經常在你耳邊嘮叨，希望能用自己的經驗幫助你避開危險的人是真正關心你的貴人。

特徵三：經常批評你的人。這種人的存在，使你在工作上謹慎小心，經常充滿危機感，並不斷提升自己。

特徵四：接受、讚賞你的人。如果有人告訴你，他覺得你在某方面很出色，並建議你嘗試著去發展、強化，他很可能就是你的貴人。

特徵五：對你遵守信諾的人。如果有人對你堅守了自己的承諾，那麼他則是你無論如何都需要緊緊抓牢的貴人。

知名企業顧問理查·柯克在他的暢銷書《80/20法則》中建議讀者，可以試著擬一份「盟友名單」，並在擬出盟友名單後要設法和他們建立「喜歡對方」、「互相尊重」、「分享經驗」、「有福同享」、「相互信賴」五種關係。因為他們能適時地提供你所需的幫助，幫你一起謀求共同利益。除此之外，為了讓貴人出現的機率最大化，我們要做的是擴大自己的人際圈，有選擇地去交一些有用的朋友。當我們認識的人越來越多時，我們擁有成功的機會也就越來越大了。

法則48．感謝曾經折磨你的人

為了提高自己的人氣和自信，我們需要交很多朋友，並且記住和感謝他們曾給予的幫助。但是，我們也應該感謝那些曾經折磨過我們，給我們帶來災難和不幸的人。正因為有他們的存在，我們才變得越來越堅強。

對於曾經給過我們折磨的人，我們通常是抱著怨恨的心。因為他們曾經讓我們的生活變得如此痛苦，是他們讓我們在疼痛、不安與沮喪之中痛苦掙扎。我們經常會想，如果沒有他們，我們的日子會過得更美好。

也許的確如此，但是你想過沒有，如果沒有他們也許我們還不懂得「美好」是一個什麼概念，我們還不懂得珍惜，當然也許更不可能有一顆強大的內心和今天的成績。

加拿大曾經有一位非常有名的長跑教練，他的成名來自於在很短的時間內培養出好幾名世界級的長跑冠軍，所以有很多人都向他探詢訓練成功的秘訣。但誰也沒有想到的是，他成功的秘訣竟然在於一個神奇的陪練，但這個神奇陪練卻不是一個人，而是幾隻兇猛的惡狼。

這位教練給自己的隊員訓練長跑時，一直要求他們在從家裡出發到訓練基地的路上，一定不要藉助任何交通工具，必須自己一路跑來才行，而這也是他們每天訓練的第一課。

隊員們都認真遵守著這一訓練課程，但是其中有一個隊員卻並不那麼積極，幾乎每天他都是最後一個才到，但他的家並不是最遠的。教練對這個隊員非常頭痛，他甚至想要勸告這個隊員改行去做別的，不要再在這裡浪費時間了。

然而有一天的早上，這個隊員竟然比其他隊員早到了二十分鐘，教練去了解他離家的時間，然後計算一下，不由得驚奇地發現，這個隊員今天的速度非常之快，幾乎可以打破世界紀錄了。在他還在驚訝的時候，發現這個隊員正氣喘吁吁地跟他的隊友們描述著今天的遭遇。

原來，在這名隊員離開家不久，他要經過一段五公里的野地，在那裡他遇到了一隻野狼。那隻野狼顯然是出來覓食的，看到這名隊員就跟在後面拼命地追趕，隊員為了保命只好在前面拼命地跑，雖然他耗費了大量的體力，但是那隻野狼最後也被甩掉了。

教練聽後終於明白，原來今天這個隊員之所以能超常發揮是因為一隻野狼的追趕，因為他有了一個想要把他當成盤中餐的敵人，正是這個敵人讓他將自己所有的潛能都發揮了出來。

教練深受啟發，於是在以後的訓練中他聘請了一個馴獸師，並找來幾隻惡狼。每當要訓練的時候，他就讓馴獸師把狼都放開。結果沒過多長時間，儘管隊員們被這些惡狼每天折磨得精疲力竭，但是他們的成績都有了大幅度的提高，還出了幾個世界冠軍。

因為每天遭受惡狼的折磨，讓這些運動員突破了原有的自我，激發了自己的潛能，同時也成就了他們的輝煌。我們的生活當中也總會遇到一些像惡狼一樣的人，在某一段時期裡他們追著我們不放，總是想伺機抓住我們的把柄，他們讓我們的生活變得疲憊不堪，每天都過得膽顫心驚。我們曾經一度非常怨恨他們，抱怨他們毀了我們的生活。但是在時過境遷之後，我們也許會發現，當初我們所受到的那些折磨和打擊，才會成就了今天的自己。

菲比剛剛大學畢業時，進入一家時尚雜誌工作。她的上司是一位非常嚴肅的女人，每天對菲比板著臉，然後給她一大堆的工作讓她去做。菲比原本是編輯，但是她卻每天被上司派去做各種各樣的雜工。

而且除了這些雜事之外，菲比當然還得做好自己的本職工作。上司除了嚴厲之外還是一個極度挑剔的人，而且她從來不把自己的想法告訴菲比，讓菲比的工作相當吃力。菲比只要做得稍微不符合她的標準，就會被叫到辦公室訓斥一頓。

這讓菲比在那段時間過得非常沮喪，她曾經引以為傲的專業在這裡都變成了廢物，一點用場也派不上，還被批評得一無是處。這讓菲比開始懷疑自己究竟是不是做這行的料。當初，這份工作她是那麼熱愛和嚮往，可是現在卻被折磨得快要崩潰，甚至想要放棄了。但是上司對她辭職信的嘲諷，讓她決定再堅持一下。

半年以後，菲比逐漸適應了那份繁雜的工作，那位苛刻的上司也被調走了，她頓時覺得異常輕鬆。現在她已經可以應付各種事務，她寫出的文章受到總編的讚揚，沒有多久她就成為了時尚圈非常有名的編輯，進而成為主編的第一人選。菲比成功了，在回憶那段不堪回首的時光時，她發現竟然是自己最討厭的，讓她身心俱疲的上司給自己的幫助最大，是那位面目可憎的上司成就了自己。

我們生活當中有很多經歷跟菲比相似，我們經常受到來自上司、同事、老師的「折磨」，我們雖然非常恨他們，但是因為無力反抗所以只能任其擺佈。可是在這段可怕的經歷結束之後，我們會發現那些曾經費盡心機去折磨我們的人，反而是我們應該去感謝的恩人，是他們讓我們成長，是他們所給的那些折磨讓我們成熟。對於那些人，我們曾經那樣憎惡，但不可否認的是，是那些人成就了今天的我們，也許我們直到今天也不願意再見他們一面，但是我們不得不承認，沒有他們也許就沒有現在的我們，對此，我們是不是也應該道一聲謝呢？

法則49・原諒傷害過你的人

別人對我們的傷害無論是有心還是無意，我們都不應該將自己深陷在譴責裡，這樣不僅對我們身心無益，而且不能讓事實改變。就如同颱風帶來暴雨，將我們的房屋衝垮一樣，我們能說「我永遠也不原諒天氣」嗎？既然傷害已經造成，再糾纏於傷害本身是沒有任何用處的，選擇原諒那些給過我們傷害的人，反而是一種對自我的救贖。

在這個世界上，每個人都走著屬於自己的生命之路，然而生活紛紛擾擾，難免有碰撞和衝突。如果我們選擇冤冤相報，非但不能將心中的創傷撫平，甚至會給受傷的心撒上一把鹽。我們的不原諒讓自己深陷仇恨的牢籠，我們的報復，讓自己將傷害無限地擴大化，甚至造成更加難以彌補的錯誤。

鮑爾和凱拉是青梅竹馬、兩小無猜的一對，兩人從小就有婚約。可是，在鮑爾二十三歲的時候遇上了艾莉絲。然後，他義無反顧地拋棄了凱拉，選擇了艾莉絲。未婚夫的離開和絕情讓凱拉既痛苦又憤怒，於是，她到法院起訴鮑爾，鮑爾被裁決違約，需要支付600英鎊給凱拉做為賠償。

當時鮑爾每月的工資是16英鎊，600英鎊對他來說無異就是一個天文數字。如果鮑爾不離開凱拉，他就不需要支付這不堪負擔的賠償，但是，為了愛情，他毅然選擇從放債人那裡借了600英鎊來支付這筆賠償。借契規定，他必須每月還5鎊，連本帶利他需要還20年。

鮑爾和艾莉絲的日子過得十分拮据，但他們的幸福卻沒有在貧窮裡打折。他們拼命工作，尤其是鮑爾，即使是節假日，他也不休息。

不久，他們有了五個孩子。可是饑寒交迫的生活將他們折磨得虛弱不堪，最後，妻子和五個孩子都因疾病而離開了這個世界，只剩下鮑爾一人面對失去至親的痛苦和沒有還清的債務。

二十年過去了，鮑爾終於擺脫了債務的困擾。他常常獨自走到海邊，望向遙遠的天際，追思自己的妻子和孩子。有一天，中年的凱拉突然出現在他身邊，她一直沒有結婚，一直在等鮑爾回頭，而當初的600英鎊已經變成了6000英鎊，她希望和鮑爾共用這筆財富所帶來的幸福。鮑爾冷漠地搖了搖頭，他說：「不！那上面沾滿了我最愛的人的鮮血，我的妻子、我的孩子都因此而永遠地離開了我，它不會帶給我幸福，只會讓我覺得更痛苦。」

凱拉失望地轉過身，落寞地走了。報復並沒有帶給她任何快感。

凱拉的不原諒和報復，不僅讓自己遺憾終生，也把傷害帶給了那些無辜的人。最終，她自己什麼也沒有得到，反而還要背負劊子手的心理包袱。很顯然，如果我們用傷害來報復傷害，我們除了讓傷害無限擴大之外，沒有任何好處。

每個人的一生都要經歷各種各樣的事情和接觸到形形色色的人，有些事情只有在親身體驗後才會發現是非恩怨不過是過眼雲煙。我們完全沒有必要執著於那些傷害，其實如果我們肯換一種方式去做，比如以德報怨，也許我們得到的將是另外一種結局。

戰國時期，魏國和楚國緊緊相鄰，一個叫做宋的大夫被派往兩國緊鄰的小縣城去做縣令。

在兩國交界的地方適宜種植西瓜，兩國的村民也都有著種植西瓜的習慣。可是一年春天雨水很少，眼看瓜地乾裂，瓜苗即將要旱死。於是，魏國的村民連夜到地裡挑水澆灌，透過幾晝夜的忙碌，魏國田地裡的瓜苗長勢好了起來，比楚國村民種的瓜苗高出不少。

楚國的村民一看到鄰國的瓜苗長得那麼好，心裡非常生氣。出於嫉妒，楚國很多人在晚上偷偷潛入魏國村民的瓜地去踩瓜秧，藉機發洩心中的不滿。楚國偷踩瓜苗的事情很快就被魏國村民發現了，他們對此氣憤不已，決定也去楚國瓜地踩瓜秧。

宋縣令得知村民的想法後，趕忙請大家消消火氣，說：「依我看，大家最好不要去踩楚國的瓜苗。」宋縣令的話猶如一石激起千層浪，村民紛紛嚷道：「難道我們怕他們不成，為什麼他們可以欺負我們，我們卻不能以牙還牙呢？」

宋縣令笑了笑，說：「如果你們去踩楚國瓜秧，只能解解心頭之恨。可是，他們發現後一定不會善罷甘休，如此下去，互相破壞，只能兩敗俱傷。」

村民聽過之後，皺著眉頭問：「那我們應該怎麼辦呢？」

宋縣令說：「方法倒是有一個，那就是你們每天晚上順便幫他們去澆地，將會有意想不到的收穫。」

村民聽從宋縣令的話，每天晚上都到楚國的瓜地去澆水。楚國村民發現魏國人不但不記恨，反而幫他們去澆水，羞愧得無地自容。

後來，這件事傳到楚王的耳朵裡，他深受感觸。長期以來，楚王對魏國虎視眈眈，透過這件事，他主動與魏國和好。從此以後，魏國和楚國相處和睦，十分融洽。

為人處世中，人與人之間免不了會產生碰撞和摩擦，能夠做到即時原諒別人，甚至以德報怨，這不僅是對別人的寬恕，更是對自我的救贖。因為我們不用再去背負傷害的枷鎖，那種釋然必定會讓我們的人生更加輕鬆。而且我們還會發現一個好處，那就是當我們原諒別人的時候，還會因為自己的寬容大度受到他人的愛戴，從而為自己拓寬腳下的人際之路。正如明朝洪應明著的《菜根譚》中說：「處世讓一步為高，待人寬一分是福。」想必每個人對於福氣都是不會拒絕的，那麼就請對曾經傷害過你的那些人選擇原諒吧！

法則50．微笑可以融化堅冰

微笑，是上帝賜給人類最貴重的禮物，我們的臉正是為了呈現它而生的，所以在任何時刻都不要忘了微笑。當微笑成為習慣，你就會發現它是我們人生中最大的資產，是誰也剝奪不了的。當你用微笑將友善與關懷傳遞給每一個人的時候，就會形成一股溫暖的力量，這種力量連堅冰都能融化。

微笑的一個最大的好處就是它非常招人喜歡，不管我們所面對的人心情如何，他都不會輕易拒絕一張笑臉，正如人們經常說的：「舉手不打笑臉人。」因為我們笑容的感染力也會讓身邊的人感受到一種溫暖，對於溫暖的東西，人們往往是難以抗拒的。所以，有人說「會笑的人有糖吃。」這句話是非常有道理的，它真的可以帶給你意想不到的好機會。

艾拉畢業後不久就來到她現在所在的這家公司，這家公司對應聘者的學歷有著很高的要求，一般情況下專科學歷基本上是不予以考慮，可是艾拉成為了例外。

艾拉得知這家公司將要招聘的時候，親自將履歷送至人事部，人事專員看到履歷上學歷一欄標有專科字樣剛要回絕，抬頭看到艾拉一臉燦爛的微笑站在面前，這不正是公司想要找的櫃臺人員嗎？於是人事專員特意向上層主管進行了彙報，上層主管看到艾拉美麗的笑容也被打動了，便破例留下她進行試用。

做為櫃臺人員的艾拉臉上時刻保持著迷人的微笑，每一個看到她的人都被她陽光般的笑容所感染，於是心情大好。就這樣，艾拉用甜美的微笑彌補了學歷的不足，順利成為公司中的一員。

微笑是成功的通行證，它可以充分表達你的內在美與自信心。艾拉之所以能被破格錄取，當然是因為她會微笑。一個會笑的人，給人的印象往往是熱情、富於同情心和善解人意的。是一種含意深遠的肢體語言，微笑讓人擁有了最美麗的面容，它彰顯的是一種自信的力量，傳遞的是一種友好的資訊。這種資訊告訴周圍的人，我是喜歡你的，對於喜歡自己的人，每個人都是不願意拒絕的。

微笑還可以消除人與人之間的隔閡，幫助建立

起和諧的人際關係，營造愉悅輕鬆的氛圍。同時，它還是一種武器，是一種在努力尋求和解的武器。儘管看上去柔軟無力，但是卻具有無堅不摧的力量，有時候連一個原本鐵石心腸或者堅持己見的人都會為此改變主意，朝著你希望的方向去做。

日本有一家公司，需要購買近郊的一塊土地。可是這塊地的主人是一個倔強的老太婆，任憑這家公司的人費盡口舌她也不願意賣。

為了計畫能夠順利進行，這家公司的人只得經常來遊說她。一個下雨天，老太婆藉著來城裡辦事的機會來到這家公司，她要告訴董事長「死了買這塊地的心」，要他們再也別去煩她。

她推門一看，屋裡的地板光彩照人，而自己卻滿身是泥。她正猶豫著該不該走進去的時候，櫃臺的秘書小姐微笑著走到她面前，熱情地說「歡迎光臨」。小姐也看出了老人的窘態，就毫不猶豫地脫下自己的拖鞋，整齊地擺在老人的面前，微笑著說：「下雨天，天涼，請您穿上這個好嗎？」

老人看著秘書小姐光腳踩在冰冷的地板上，有些不好意思穿。秘書小姐卻熱情地說：「沒關係，年輕人的腳適當地接觸地氣可是很好的。您是我們的客人，就請穿上吧。」

等老人穿好拖鞋，秘書小姐才問道：「老人家，請問您要找誰呢？」

「哦，我要見你們的董事長。」

「好的，我這就帶您過去。」說完，秘書小姐像攙扶母親那樣扶著老人走到董事長辦公室門口。

在走進董事長辦公室之前，老人改變了主意決定把那塊地賣給這家公司。就這樣，一個大企業傾盡全力交涉多時也徒勞的事情，竟然因為一位秘書的熱情微笑而促成了。

微笑可以幫我們扭轉人心和僵局，讓原本冰冷的氣氛發生奇異的化學變化，那位原本固執的老太婆，正是因為一個微笑而改變了心意。微笑做為一種友好的象徵，可以讓我們在難以用語言表達心境的情況下，仍然擁有最好的交流工具。發揮化干戈為玉帛的作用，讓人際關係變得更加和諧順暢。

古龍曾經說過：「一個愛笑的人，運氣往往都不會差。」微笑要發自於內心，即「情動於中而形於外」。與人交往的過程中，只要我們能調節好自己的情緒，就能保持輕鬆愉快的心境，嘴角自然就會掛起幸福的微笑，並感染他人。而他人的微笑又反過來鞏固和強化你的愉悅和微笑，這樣就形成了人際關係的良性迴圈態勢。所以，無論如何我們都要學會微笑，它會讓你更有人緣。

法則51・學會尊重才能贏得尊重

「尊人者，人尊之」，獲得尊重的先決條件一定是尊重。基於一種人格上的平等和互動，你給別人什麼，你就將得到什麼，所謂「投桃報李」就是這個道理。

孟子曰：「愛人者，人恆愛之；敬人者，人恆敬之。」希望獲得別人的尊重幾乎是每個社會人的共同願望，它是一種積極向上的美好追求，最起碼它表示你已經準備好以一種更高的標準來要求自己，並且希望別人看到一個更好的自己，然後對這個自己產生敬意。

不過，在很多時候我們也會發現，現實並不像我們想的那樣，當我們已經做好準備去迎接別人「敬仰」的目光時，我們卻往往成了曲高和寡的孤家寡人，並沒有像自己期待的那樣獲得多少的讚譽。這究竟是為什麼呢？也許下面的故事能給出答案。

曾經有一個大善人就是這樣，他幾乎每個月都會開設粥棚，佈施鄉里，還經常拿出大量的錢財來為當地百姓修建公共設施。大善人是個好名之人，他以為這樣大家就會尊重他，對他感恩戴德。可是事實卻完全出乎他的意料，儘管他的「善心」名聲在外，但是鄉民們卻並不對他心存感激。

起初，這位善人以為這是大家對他的財富和名聲嫉妒，並且越不把這些不懂得知恩圖報的無知鄉民放在眼裡。直到有一天他親自將過冬的棉衣發放給那些無家可歸的人時，竟然沒有一個人抬頭看他一眼對他說聲謝謝。

他原來看到過這些鄉民以前對佈施的管家禮遇有加，熱情道謝的。難道他連自己的管家都不如嗎？這讓善人非常懊惱，他回來質問他的管家，大家為什麼這樣對待他？

正直的管家說：「那是因為我把他們當成跟我一樣的人，我們互相熱情問候，關懷彼此的生活而您卻高高在上，讓他們覺得自己一文不值。他們的確受了您的恩惠，但是那並不代表他們就願意為此看您的臉色。如果您想讓他們真心道謝，那麼就請先對他們微笑吧！」

善人聽後雖然不置可否，但是他卻決定試試看。他開始在上街的時候跟迎面而來的鄉民微笑，並且試著跟他們打招呼。而這些鄉民的熱情也讓他大為吃驚，他已經好幾個月沒有給鄉民們任何「恩惠」了，可是他們卻像見到親人一樣熱情。他的美名開始被鄉民們接受和傳播，幾乎所有的人都認為這位造福鄉里的大善人就是上天給他們的福祉，並且在過節的時候竭盡所能將家裡最好的東西送到善人府上……

尊重不僅僅是一種態度，也是一種能力和美德。要得到別人的尊重，就先要學會對別人尊重，這個道理是顯而易見的。在人際交往的過程當中，尊重是一條非常重要的定律，只有真誠地遵守這一定律，你才可能得到自己想要的東西，成為一個讓人愛戴的人。

學會尊重別人是如此重要，但是如何讓別人感覺到我們對他的尊重呢？除了必要的禮貌和問候之外，也許我們可以試著去嘗試記住別人的名字。

關於吉姆．佛雷有一個非常著名的故事：在他十歲那年，他的父親因為意外而喪生，留下他和母親及兩個弟弟相依為命。父親的去世讓原本就不富裕的家境變得極度貧寒。為此，吉姆不得不輟學回家，他到磚廠去打工賺錢，以此來貼補家用。雖然吉姆的學歷有限，但是憑藉著愛爾蘭人特有的坦率和熱情，他無論走到哪裡都會非常受人歡迎。

後來，吉姆轉入政壇。這位連高中都沒讀過的窮孩子，卻在四十六歲時已經擁有了四所大學頒給他的榮譽學位，而且當時的他也高居民主黨的要職，最後還擔任了郵政部長。

對於他的成功，人們感到很好奇。一位記者問他成功的秘訣，吉姆回答說：「辛勤工作，僅此而已。」

記者不相信地說：「您這是在開玩笑。」

吉姆反問道：「那麼你認為我成功的秘訣是什麼呢？」

記者笑著回答：「我聽說您能夠一字不差地叫出1000個朋友的名字，這才是你成功的秘訣吧！」

「不，你錯了！」吉姆立刻答道，「我可以叫得出名字的人，至少有10000人以上。」吉姆說這話的時候眼睛裡閃爍著智慧和驕傲。

這正是吉姆・佛雷的過人之處，他是一個有心的人，每當他剛認識一個新朋友時，他總是會先弄清楚他的全名、家庭狀況、所從事的工作，以及這個人的政治立場如何。接著吉姆會根據這些情況對他建立一個大概的印象，當下一次再見到這個人時，不管已經隔了多少年，吉姆仍能迎上前去，像老朋友一樣拍拍對方的肩膀，然後噓寒問暖一番。他或者問問對方的家人近況，或者問問對方最近的工作情況。這種舉動讓對方有一種被尊重的感覺，不僅拉近了彼此的距離，也對這位有著超強記憶力和親和力的人產生莫名的欣賞和崇敬。

吉姆非常清楚，人們對自己的名字和自身的狀況是非常在意的，並且對那些在意自己的人表現出非常的友善。能夠牢記別人的名字，並且正確無誤地叫喚出來的人，對任何人來說都是無法抗拒的，因為他在表現對對方的尊重，對方自然也就報以同樣的尊重和友善了。

一個人的姓名對於自身而言是非常重要的，因為他代表著獨一無二的自己，是一個人的某種符號和標籤，透過這個標籤我們才能和別人區別開來，也才能讓別人很容易找到自己。我們希望自己的名字被別人記住，因為這等於將自己的標籤貼進了別人的心裡，人們追求的「青史留名」正是為了要獲得這樣一種被記憶的尊重。既然大家都喜歡被記住，並認為這是對其尊重的表現，那你為了顯示自己對對方的尊重就用心去記一下吧。當你能在眾人面前叫出一個只見過一次面的人的名字時，他對你的感激將會溢於言表，而這對你的人際當然大有裨益。

法則52．示弱不代表懦弱

示弱不是懦弱，而是一種在特定情況下的「識時務」表現。在力量相當的情況下，硬碰硬除了兩敗俱傷外，不會得到任何好處。聰明的人會選擇用溫和的方式來保護自己，讓自己免受傷害。有時候，適時選擇低頭是為了日後將頭抬得更高。

想必每個人都聽說過「胯下之辱」的故事，做為西漢的一代名將韓信都能在卑微的時候懂得跟自己的敵人示弱，我們為什麼非要昂著自己高貴的頭跟對方硬碰硬，最後將自己撞得頭破血流呢？

聰明的人是不會選擇硬碰硬的，他們會像打太極那樣去以柔克剛，用柔的方式來對付一切不利於自己的因數。柔是一種韌性，一種彈性，當別人對你惡言相加，當別人對你拳腳相向，不要衝動地以牙還牙，而要以溫和的方式來緩解對方的冰冷，以柔韌應對對方的強硬。你的溫柔反擊不僅不會顯示你的懦弱，反而會讓別人感受到你不可侵犯的訊息，以後再遇到你時，言談上就會有所收斂，甚至對你非常敬佩和尊重。

某位村長在帶領村民一起修路時，一時疏忽不小心放炮炸石砸斷了一家農戶的梨樹。而這棵梨樹正是這家人的財源，於是主人攔住村長要求賠償。

村長說，現在村裡沒有資金，秋後一定賠上，但樹的主人不答應，而且兄弟幾個一擁而上，把村長痛打一頓。被打後的村長一句話也沒說，默默地回家自己包紮傷口。村民都為村長不平，紛紛要求嚴懲打人者。

第二天開村民會，鬧事的人也覺得理屈，準備接受處分。不料，村長開口竟做檢討：「鄉親們，我還年輕，還需要大家幫扶。哪些工作我安排得不合理，哪些話我說得不恰當，還請大家擔待包涵……」一席話下來，隻字未提被打之事。後來鬧事的人找到村長，當面認了錯：「你是為全村，我是為自家，錯在我！今後你說什麼，我就做什麼，全由你做主。」

可以看出，這位村長很懂得示弱的道理，他為了全村人的利益甘願忍下個人的委屈。但是，他的忍讓和退縮，並非懦弱，而是堅強的表現，同時也是一種策略，一種以退為進、收買人心的策略。它表面是退縮，實質上是進攻，退的目的是為了更好地前進。好比拉弓射箭，把弓弦向後拉的目的是為了把箭射得更遠。

當然，在我們遇到事情的時候，並不是所有的時候都能想得那麼長遠，很多時候我們只看到自己眼前所受的侮辱和委屈。如果我們能在委屈的時候承受下來，不在大家都激動的情況下做出過激行為，我們就能讓自己變得更加冷靜。這不僅有利於盡快將事態平息，也能讓我們為自衛和反擊做好更充分的準備。

晨間會議上，部門經理對資料處理員薇琪提出了嚴厲批評，原因是她所準備的會議資料竟然存有嚴重的漏洞，直接影響會議效果。薇琪被當眾批評，頓時覺得無地自容。她在平時工作賣力，做事一向認真細緻，如此大的工作失誤按理說不可能在她身上發生。但是薇琪當時並沒有做過多的解釋，因為經理正在氣頭上，而且當著全體員工的面，立即為自己辯護或頂撞顯然是不給經理面子，只會讓事態更嚴重。所以，薇琪為自己的「失誤」道了歉。

散會後，薇琪克制住自己的委屈，抹了抹眼淚去查閱存在漏洞的會議資料。原來，整理資料的當天薇琪被公司臨時抽調至分公司工作，那些工作都是其他員工完成的。恰恰是別人整理的會議內容出現了嚴重失誤，給公司造成了很大的損失。但是，這些責任並不能歸罪到薇琪頭上，她在無形中替他人背了「黑鍋」。

得知這個情況後，部門同事紛紛替薇琪打抱不平，大家你一言我一語地出主意，一個人說：「薇琪，妳太委屈了，換做我，一定去董事長那裡討個理論。」

另一個人應和：「是啊，是啊，要我說，妳去董事長那告經理一狀，肯定能出氣。」

聽到同事的建議，薇琪搖了搖頭，說：「部門經理對我的批評是由於他沒有瞭解真正原因，我相信他不是故意的，以後我會找個恰當的機會將事情原原本本解釋清楚。」

過了幾天，薇琪找到了部門經理，將整件事的來龍去脈委婉地道出，經理恍然大悟，趕忙向薇琪道歉，薇琪也欣然接受了。

同事們得知後，對薇琪說：「妳真傻，部門經理平日待人刻薄，這次他犯了錯怎麼能輕易饒過他呢？應該抓住機會好好整治他一下，滅一滅他平日裡的威風。」

薇琪笑了笑，說：「退一步海闊天空，既然他已經道歉了，我就應該原諒。其實，大家能夠在一起工作就是緣分，如果我不依不饒，良心上也過意不去。」

事後，這些話傳到部門經理的耳朵裡，經理打從心底喜歡上這個寬容大度的員工，在日後的工作中，對薇琪格外的照顧，不久就將她提拔為部門經理助理。

薇琪的情況很多人在生活中都會遇到，每個人在遇到這種情況的時候都會滿腹委屈和怨氣。但是，如果我們因為自己受到不公正的待遇，而立刻選擇反擊，很可能讓自己在準備不足的情況下受到更大的傷害。而薇琪的做法毫無疑問是非常明智的，在對自己不利的情況下先選擇示弱，然後等到事情搞清楚後，自己有絕對勝算的時候再選擇「反擊」。儘管這種反擊顯得有些「軟弱」，但卻是絕對有效的，不僅讓對方知道自己的錯誤，而且還為自己以後的升遷打下了基礎。

所以，在遇到對我們不利的過激事件時，一定不要選擇硬碰硬，適時選擇示弱既是對自我的一種保護，也是為我們的反擊創造條件。而且敢於示弱，是需要勇氣的，敢於示弱的人，就是敢於面對自己的不足，敢於面對眼前的殘酷。不僅如此，示弱更是一種以退為進的智慧。

法則53．幽默是人際交往的潤滑劑

幽默如同溫潤的細雨、潺潺的流水和融融的春光，它能營造愉悅的氛圍，把人與人之間的氣氛變得愉快、祥和。在這樣的環境中，煩惱會消散、痛苦會淡去、尷尬會忘記，人置身其中如沐春風。由此可知，幽默就是人際交往的潤滑劑，它能讓熟悉的人相處融洽，也能讓陌生的人迅速成為知己。

林語堂先生說：「幽默如從天而降的溫潤細雨、潺潺溪流或者是照映在碧綠如茵的草地上的陽光，將我們孕育在一種人與人之間友情的愉快與安適的氣氛中。」

幽默是一種溫柔的催化劑，讓人在愉快的氛圍中，不知不覺地融合在一起，像磁石一樣牢牢吸引住身邊的人。幾乎每一個成功的偉大人物，在思想深處都具有幽默的因數，這些因數讓他們變得豁達而開朗，也將周圍的人緊密地聚合在自己身邊。

曼德拉曾經獲得過著名的「卡馬勳章」，在領取勳章的歐洲首腦會議上，曼德拉發揮了他一貫的幽默個性，贏得了一片掌聲和讚揚。

在接受勳章的典禮上，曼德拉發表了精彩的講演。他幽默地說了幾句開場白：「我現在所站的這個講臺是為總統們專門設立的，我這個退了休的老人今天還能上臺講話，並且搶了總統的鏡頭，我想我們的總統姆貝基一定非常不高興。」這兩句話頓時讓典禮的氣氛活躍了起來，人們沉浸在一片笑聲之中。

在笑聲過後，曼德拉開始正式發言，但是在講到一半的時候，他不小心將講稿的頁次弄亂了，於是不得不停下來翻過來看。

這本來是一件非常尷尬的事情，但曼德拉卻不以為然，一邊翻閱一邊隨口說道：「很抱歉，我把講稿的次序搞亂了，你們必須要原諒一個老人。但是，我知道在座的有一位總統，他在一次發言中也把講稿頁次弄亂了，而他自己卻完全沒有發覺，照樣往下唸了下去。」這時，整個會場開始哄堂大笑，因為他們知道曼德拉又在拿他們的總統尋開心了。

結束講話前，他又說：「感謝你們把用一位博茨瓦納老人（指博茨瓦納開國總統卡馬）的名字命名的動章授予我，我現在退休賦閒在家，要是哪一天我窮得沒有錢花了，我就一定把這個動章拿到大街上去賣。我敢肯定，我們在座的某一個人一定會出高價收購的，那就是我們的總統姆貝基先生。」

這時，坐在台下的姆貝基也情不自禁地笑出聲來，開心地連連拍手鼓掌，會場裡當然更是掌聲一片。

這就是幽默的魅力，它不僅拉近了演講者和聽眾之間的心理距離，打消了一位偉人原本的神秘感，更顯示出曼德拉過人的智慧和高超的人際溝通能力。可以看出善於運用幽默製造出社交趣味的人，既能做人際關係的潤滑油，又能散發出無敵的吸引力。不僅如此，還可以使自己的人際和工作更加順利，即便是不能增加朋友，至少也不會樹敵。

當然，你要相信幽默的人是有魅力的，因為他們充滿智慧，會吸引著別人把目光和好感投注到自己的身上。所以，幽默的人往往八面玲瓏、左右逢源，總能不動聲色地化解矛盾，消除芥蒂；幽默的人無往而不利，即使是批評他人，也會讓人家樂於接受。

派克經常遲到，老闆忍無可忍地對他說：「派克！如果你再遲到一次，就準備打包東西、回家吃自己吧！」

派克一聽，心想：「沒了飯碗還得了？一定不能再遲到了。」於是，連著好幾天他都起得很早。但派克是一個典型的「夜貓子」，這天他又睡過頭，當他急忙地趕到辦公室時，發現裡面悄然無聲，每個人都在埋頭苦幹，正是一副暴風雨前寧靜的樣子。一個同事朝他使了個眼色，示意老闆生氣了。果然，老闆板著臉朝他走了過來。

沒等老闆開口，派克突然笑容滿面地用雙手握住老闆的手說：「您好，我是派克，我是來這裡應聘工作的。我知道35分鐘之前這裡有一個職位出缺，我想我應該是來得最早的應聘者，希望我能捷足先登。」說完，派克滿臉自責又充滿希望地望著上司，就像一個犯了錯誤等待大人原諒的孩子。

看著他的樣子，同事們再也忍不住了，開始哄堂大笑。上司也是開心一笑，說道：「那就趕緊工作吧。」派克的幽默化解了老闆對自己的不滿，保住了自己的工作。

派克的幽默成功化解了自己的危機，不僅保住了自己的工作，而且讓自己和上司、同事的關係更加融洽。所以，當人們處於尷尬境地時，幽默往往會使大事化小，小事化無，它絕對能夠讓我們的人際關係更加和諧、融洽。

適當運用幽默能夠在談笑間消除人與人交往中的尷尬，迅速建立起別人對自己的好感。正如凱薩琳所說：「如果你能使一個人對你有好感，那麼也就能使你周圍的每個人甚至是全世界的人，都對你有好感。只要你不只是到處與人握手，而是以你的友善、機智和幽默去傳播你的資訊，那麼時空的距離便會消失。」

法則54．無謂的爭論沒必要

爭論不會讓你成為贏家，它有兩種結果，一是你敗下陣來，很顯然你是輸了；二是你贏了，但其實你還是輸了，因為你的勝利讓對方不高興了。無論如何你都傷了別人的自尊心，即使贏得了口舌之快也得罪了那個人，你讓自己在這場爭論中多了一個對手少了一個朋友，這不是輸又是什麼呢？

很多人喜歡逞口舌之快，喜歡讓別人接受自己的觀點。但是我們必須明白，每個人都覺得自己的想法和判斷是正確的，強行讓別人接受我們的觀點勢必會損害對方的自尊心。即使你取得口頭上的勝利，卻也讓對方顏面無存，最後即使嘴上不說什麼，在心裡也會記恨你，跟你作對。就算對方是一個胸懷大度不跟你計較的人，對你也不會有什麼好感。最終的結果是，你贏得了一場辯論，卻失去了一份友情或一種支援，這對人際關係和事業的發展都是非常不利的。

皮埃爾是紐約一家木材公司的推銷員，他曾多次「當面指責顧客的錯誤，跟他們進行辯論」，試圖讓客戶知道他才是正確的。但是多次爭論之後，他從中獲得了很多深刻的教訓，皮埃爾說：「對顧客進行當面指責是一件非常可笑的事。你可以贏得辯論，但是也讓自己賣不出任何東西。那些苛刻的木材檢驗員，思想頑固得就像賽場上的裁判，即使判斷錯誤也絕不悔改。」

一天下午，皮埃爾剛上班，電話鈴就響起來了。皮埃爾拿起聽筒，一個憤怒的聲音就從電話的另一頭傳了過來，對方抱怨他們送去的木材大部分都不合格。

皮埃爾聽後立即開車到對方的工廠去，他大概瞭解問題的所在。要是在以前，皮埃爾到了那裡就會得意洋洋地拿出《材級表》和《木材等級規格國家標準》，引經據典地指出對方檢驗員犯了哪些可笑的錯誤，然後斬釘截鐵地斷定自己所供應的所有木材都是合格的。

然而多次的吃虧使皮埃爾知道，顧客是自己的上帝，不管自己的知識和經驗多麼豐富，也不管自己的判斷多麼的正確，最終爭論的結果依然是按照顧客的意思辦事。

因此，當皮埃爾見到板著面孔的供應科長和面有慍色的木材檢驗員後，根本不提木材品質的事情，也沒做過多的辯解，而是笑了笑說：「讓我們一起去看看吧。」

到了現場之後，皮埃爾請檢驗員把不合格的木材挑選出來，擺在一邊。沒多久，皮埃爾就知道問題出在了哪裡，除了檢驗員檢驗太嚴格之外，最重要的是他把檢驗雜木的標準用於檢驗白松木。但他並沒有立刻指出檢驗員的錯誤，而是反覆謙虛地向檢驗員請教，他認真傾聽檢驗員木材不合格的理由，並表示希望今後送貨時，能完全滿足對方工廠的品質要求。

皮埃爾的態度使得檢驗員的臉色慢慢恢復了正常。他看準時機，小心委婉地提醒了對方幾句，當檢驗員發現是自己弄錯了之後，開始覺得有些難為情，然後態度變得謙虛起來，他向皮埃爾請教相關的技術問題。皮埃爾這時才謙虛地解釋，運來的白松木為什麼是全部符合要求的。皮埃爾在解釋的同時還不忘強調，只要對方認為不合格，這些木材還是可以拿回去調換的。

檢驗員終於承認了自己的錯誤，他承認是自己將木材等級搞錯了，而且按合約要求，這批木材的確全部合格。

最終，皮埃爾收到了一張全額支票。

在這種情況下，爭論顯然是沒有任何作用的，即使當時皮埃爾告訴對方是他弄錯了等級，對方也不會承認，只能使事情陷入僵局，這時如果再爭論下去是完全沒有意義的。但如果採取溫和的手段，用委婉的語氣讓對方自己發現自己的錯誤，那麼結果就將是完全不同的。

在生活當中，我們每個人都會遇到類似的情形，如果我們只為了爭一時之氣而讓對方陷入尷尬，顯然是不明智的。正如班傑明．佛蘭克林所說：「如果你總是爭辯、反駁，也許偶爾能獲勝；但那是空洞的勝利，因為你永遠得不到對方的好感。」佛蘭克林也是在意識到自己的這一問題之後才決心改掉爭論的「壞毛病」，最後成為美國歷史上最實作、最友善、最圓滑的外交家，而改掉這一毛病的佛蘭克林也有自己一套行之有效的方法。

佛蘭克林在年輕的時候，他是個冒失衝動的年輕人。

一天，教友會的一個老朋友把他叫到一邊嚴厲地批評了他：「班，你知道嗎，你太不像話了，你已經將所有跟你有不同意見的人都傷害了。你太突出個人的意見，而且你的態度實在讓人無法接受。朋友們都覺得，你不在場的時候他們反而更加自在。你太愛爭論了，而且語言太過偏激，現在沒有人能再教你什麼，也沒人再打算跟你說些什麼了，因為他們覺得那樣不但白費力氣，而且還會惹得自己不高興。如果你再這樣下去，任何新的東西都不可能學到了。」

這次慘痛的教訓之後，佛蘭克林變得明智、成熟起來，他意識到自己的人際關係正面臨著失敗。於是，他改掉了傲慢又爭強好勝的壞習慣，他說：「我給自己訂下了一個規則：不要面對面地直接反對別人的意見，也不要太武斷。我甚至不讓自己在文字或語言上措辭太肯定。我不再用『當然』、『毫無疑問』等辭彙，而改用『我想』、『我假設』，或『我想像』等辭彙。當別人在說一件我不認同的事情時，我不會立即反對他。我會說在某種情況下，他的意見是對的，但現在我有稍微不同的意見，大家商量一下……」

儘管剛開始採用這些方式的時候，佛蘭克林也覺得這並不符合自己的個性，不過隨著時間的推移，這漸漸地成為他的習慣。在以後的幾十年中，沒有人再聽到過他講過什麼太武斷和激烈的話。這個習慣也讓他得到尊重，讓他在陸議會裡更具影響力，他提出意見也得到了廣泛的支持。

喜好爭論並不是一件好事，一個人的成功不是靠嘴上的功夫獲得的，喜好爭論只能讓我們聽不進別人的意見，也讓別人的正確想法被埋沒。佛蘭克林正是意識到自己的這一缺點，才決心改變。佛蘭克林明白要解決問題或者獲得支持，要做的必定不是指責、質疑和挖人傷疤，而是用真誠的態度去傾聽、贊同和誘導。

當我們的意見讓別人心悅誠服地接收時，我們傳達出去的不僅僅是個人的態度和資訊，更是一種尋求合作和交流的聲音，聽到這個聲音的人會欣然成為你人際關係中非常重要的一員。

法則55．用「平和」贏得「和平」

心態平和的人擁有一顆善良謙虛的心，使自己在何時何地都懂得如何保護自己，令自己遠離傷害。人們與平和的人相處則會感到釋然、放鬆，而平和本身也能影響別人，讓原本火藥味十足的事件轉危為安。

平和的心態帶給人的是一種心靈的寧靜，讓人不會因為壞的情緒而讓自己的生活處於波濤洶湧之中。另外，平和的人看上去雖然波瀾不驚，但是卻具有一種強大的力量，那就是他的包容，這種包容讓人看到的是一種寬廣和遼闊。

在這樣一種氛圍中，人們最容易放鬆自己緊張的神經，任何爭端與怨氣也都會瞬間化為烏有。

這是發生在越戰初期的一個故事：當時有一個排的美國士兵與越南軍隊在一處稻田展開了激戰。交戰正酣的時刻，對陣雙方的中間地帶，也就是戰火最密集的地方突然出現了六個和尚，他們在槍林彈雨之中十分鎮定地一步步穿過戰場，走到對面去。

後來，美國兵大衛．布西在回憶當時的情景時寫道：「那群和尚目不斜視地走過去，奇怪的是竟然沒有人向他們開槍。當他們全都走過去以後，我突然覺得自己一點戰鬥情緒都沒有了，至少那一天是這樣的。我想其他人也一定有相同的感受，因為所有人都不約而同地停了下來，包括我們的敵軍，大家都不打了，就這樣休戰一天。」

這些和尚沒有做任何事情，但是他們顯然比做了任何事情都還要重要。他們處變不驚的態度和平靜安詳的神態，讓激戰正酣的士兵變得安靜下來，他們不約而同地停止戰鬥，因為他們此時的心靈已經回歸到一種平和的狀態當中。和尚用自己的平和換得了和平，儘管這種和平很短暫，但是在當時的那種情況下，他們的確製造了一個非常好的氛圍，這種氛圍給了生死邊緣奮力掙扎的人們一絲曙光。

這當然是個極端的例子，但情緒的感染的確是如此無所不在的，在每一次人際接觸時，人們都在不斷傳遞情感的資訊，並以這些資訊來影響對方。

心態平和的人傳遞給別人的當然是一種平和的心

態，這種平和傳達的是一種和平友好的資訊，至少不會讓人覺得危險或者擔心受到傷害。在這種資訊的感染下，人們往往更願意去接近和交流。平和的心態是人際交往中非常重要的一種手段，因為它能給我們帶來更多的友情、信任和力量。

曼迪是一個非常優秀的女孩，不僅聰明漂亮，而且工作也很出色，可是她直來直往不加掩飾的情緒，令自己在職場升職中吃了大虧。

公司剛剛公布了外派培訓的人員名單，一位在同事們眼中業績並不怎麼突出的女同事榜上有名，這讓曼迪感到十分吃驚。

因為論業績、論能力或者論資歷，曼迪都勝過那位同事一籌。透過比較種種因素，曼迪覺得自己才是這次外出培訓的最佳人選，於是直接來到上司的辦公室，把自己的優點與外派女同事的不足一一列舉，並質問上司為什麼不派自己去學習。

曼迪理直氣壯且咄咄逼人的話語令上司既難堪又尷尬，於是找了一些冠冕堂皇的藉口將她打發走了。

從上司辦公室回來，曼迪開始反省，為什麼做事不慌不忙的女同事自從入職開始就好運連連，而自己卻不行呢？原來是自身的性格使然。曼迪的性格直率不懂得掩飾，遇到分歧時，常常不顧他人情緒直接對別人加以否定，過於情緒化的她就是在不知不覺中犯了職場的大忌。

而另一位同事則是溫文爾雅，不論做什麼都波瀾不驚，對每一個人都親切溫和，雖然自己在這件事情上對她意見頗多，但是不可否認，自己跟她在一起時也同樣是如沐春風的，也喜歡跟她一起工作，因為感覺很踏實。

所以，並不是能力突出、業績優秀就可以平步青雲、左右逢源，如果人際處不好，那麼再怎樣努力工作都會落得費力不討好，「竹籃打水一場空」的下場。自己這次直接質問上司的做法，無疑給上司留下了不好的印象，假如採取委婉的方法，向那位同事學習用平和的態度與上司溝通，也許得到的是另一種結果。

平和的人遇事往往會仔細思量，不會感情用事，這樣處理工作和生活中遇到的問題，不僅有利於事情的解決，也會給周圍的人留下良好的印象。

培養平和的心態，就是尊重客觀現實，不高估或低估自己的能力，喜怒不形於色，勝敗不縈於心，順其自然，遠離僥倖和虛妄心理，不苛求事事完美。

做一個平和的人，經常讓自己處於輕鬆狀態，讓淡泊的心境和淡定的態度幫助自己平定生活中的是非恩怨，在贏得和平的同時，也為自己的人生編織出一個美好的未來。

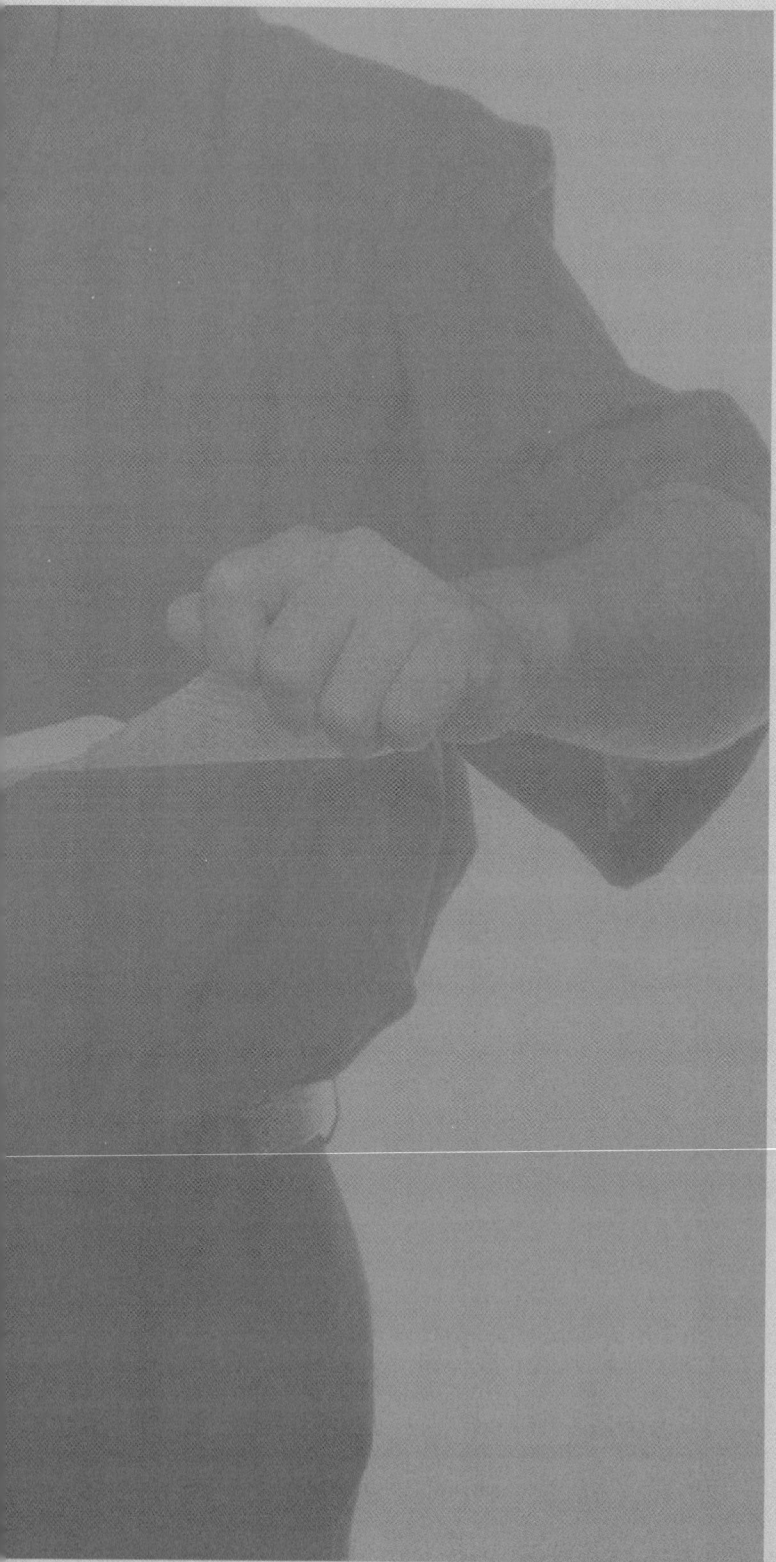

Chapter 6

有志氣才能爭口氣

想要爭氣，就得先有志氣。「有志者事竟成」，志氣給了我們遠大的理想和堅定的信心，這些都是成功的必備要素。如果你想擁有使人炫目的成功，沒有志氣是萬萬不行的。

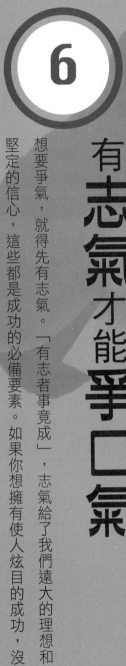

法則56．要爭氣就得有志氣

每個人想爭一口氣，做給別人看，也做給自己看，至少可以證明自己這一生沒有白活。這當然是一個美好的願望，但是這個願望的實現需要一個前提，那就是我們要有志氣。所謂「有志者事竟成」，唯有讓理想與抱負「住」進自己的心裡，我們才能堅定地朝著自己的目標邁進。

你也許出生在一個生活窘迫的家庭，也許沒有聰明敏捷的頭腦，也許沒有天賦異稟的才華，但是你卻擁有一腔熱血。

正是這一腔熱血，激勵著我們在逆境中前行，無論遇到任何艱難險阻都有一種信念在支撐，讓我們披荊斬棘走向成功，這就是我們的志氣。對於每一個想要爭氣的人，它是必不可少的，而擁有它的人才能堅定地奔向成功。

偉人之所以偉大，是因為他擁有比別人更強的志氣，當他與別人共處逆境時，即使別人失去了信心，他仍然能夠下決心實現自己的目標。

有一位常勝將軍，每次作戰都胸有成竹，充滿自信。即使是再難打的仗，他都能帶領自己的士兵殺出一條血路，取得最後的勝利。原因就在於這位將軍有一枚能給他以及手下士兵帶來好運的金幣。

每次作戰時，將軍都會在一座寺廟前集合所有將士，告訴他們：「我們今天就要出陣了，究竟打勝仗還是敗仗，我們請求神明幫我們做決定。我這裡有一枚金幣，把它丟到地下，如果正面朝上，表示神明指示此戰必定勝利；如果反面朝上，就表示這場戰爭將會失敗。」

每當聽到這番話，部將與士兵都會虔誠祈禱，並且磕頭禮拜，求神明指示。神明彷彿總能聽到他們的心聲，每次將軍將這枚金幣朝空丟擲後，金幣總能正面朝上。

於是，士兵們立刻就會變得歡喜振奮，認為神明指示這場戰爭必定勝利。當部隊開到前方時，士兵們個個都信心十足，奮勇作戰，果真打了勝仗。

這枚幸運的金幣一直伴隨著常勝將軍打了很多年的勝仗，直到他不再做將軍。他的部將在他臨走時問：「將軍，您要走了，以後我們再也沒有幸運金幣和神明的保佑了。」

這時，將軍從懷裡拿出那枚金幣，給部將看，才發現原來金幣的兩面都是正面。常勝將軍對自己的部將說：「我們的志向是打勝仗，只要士氣高漲，充滿必勝的信念和志氣，還有什麼贏不了的呢？我手中的金幣只不過是讓你們擁有這樣堅定的志向和信念罷了……」

所謂志氣就是前進的決心和勇氣。「三軍可以奪帥，匹夫不可奪志也」，常勝將軍明白這個道理，所以讓士兵們相信自己能贏，進而產生一往直前的勇氣，即使遇到再強大的對手，也能自信滿滿地打敗他。

那些成功人士的身上都隱藏著一股巨大的力量，那就是他們的志氣。一個人因為有了志氣，才能將潛藏意識中的智慧和勇氣挑動起來，從而獲得財富和事業上的成就；一個人有了志氣，才能挺起胸膛面對那些困難，最終讓自己成為那個所期望的自己。

著名的丹麥物理學波爾從小就期待著自己能夠成為一個出色的科學家。但是波爾並不是一個聰明的孩子，他從小就反應遲鈍，總是比其他學生慢半拍。比如在看電影的時候，他的思路總是跟不上電影故事情節的發展，便喋喋不休地向身邊的人提問，結果弄得周圍的觀眾對他厭惡至極。

在科學的問題上他也沒能好到哪去。有一次，一個年輕的科學家向大家介紹了量子論的新觀點。在場所有的人都聽懂了，但是波爾除外。他沒有聽懂年輕科學家的闡述，於是提出很多疑問，年輕的科學家只好又重新再向他解釋一遍。

儘管如此，波爾卻從來沒有降低過對自己的期待值，雖然在他成功之前有那麼多的人對他從事這一行產生質疑，但是他卻從來沒有放棄過自己的信念。波爾無疑是個有志氣的人，他不相信自己不會成功，為此他願意付出自己的努力，即使遇到了挫折他也總是不斷地去激勵自己繼續走下去。

波爾用勤學好問來彌補自己反應遲鈍的缺點，對沒弄懂的問題和沒有理解的問題，他也從來毫不掩飾，會接二連三地提問，直到自己弄懂為止。即使這樣做引起了旁人的討厭，他也並不在乎，因為在他眼裡別人的鄙視和受到的挫折，與實現自己的理想簡直不值一提。波爾說：「我不怕在年輕人面前暴露自己的愚蠢。」正是這位「愚蠢」的科學家，在1942年成為諾貝爾物理獎的獲得者。

波爾無疑是一個心懷大志的人，而一個立志取得成功做出成績的人，是不會被前進路上的任何艱難險阻所嚇倒的。有志氣的人相信自己可以做到，並且為此付出巨大的努力，他們有理想，並且有實現理想的志氣，所以能獲得成功。

在現實生活中，我們不能只把爭氣當成掛在嘴邊的空談，要想出人頭地，我們必須讓自己去做，而做的前提就是我們必須要有決心有勇氣，這就是我們的志氣。擁有了它，我們就擁有了前進的動力，並且是源源不斷的動力。

法則57．命運就在你手中

每個人的雙手都有著不同的紋路，掌心之中的紋路就如同我們自己，只有牢牢地掌握自己，盡量將所有紋路都控制在自己接受的範圍內，才能將多舛的命運轉變為美好的命運，從而贏得你想要的人生。

命運似乎是一種虛無的東西，但是卻真實地發生在每個人的身上。正如有人所說：「很多事先天註定，那是『命』；但你可以決定怎麼面對，那是『運』！」而「命運」的最佳詮釋是：只有懂得如何掌握你的「運」，才能改變你的「命」。如果這個世界上真的有命運之神存在的話，那命運之神就是我們自己。

一次，亞瑟王被鄰國的伏兵抓獲，鄰國的君主被亞瑟的年輕和樂觀打動，沒有立刻將他殺死，而是決定給他一個機會：只要回答出一個非常難的問題，就能重獲自由。亞瑟可以用一年的時間來思考和尋找這個問題的答案，如果一年的時間還不能給他答案，他就會被處死。而這個問題的內容是——女人真正想要的是什麼？

這是一個令先知都難以回答的問題，何況年輕的亞瑟。但是為了重獲自由，亞瑟還是接受了國王的問題，並答應在一年的最後一天給他答案。

亞瑟回到自己的國家，開始向每個人徵求答案。一年的期限快到了，亞瑟問了公主、妓女、牧師、智者、宮廷小丑……，但沒有人可以給他一個準確的答案。最後，有人告訴他，有一個老巫婆可能知道答案。亞瑟別無選擇，只好去找巫婆。

巫婆答應回答他的問題，但他必須首先接受她的條件：她要和亞瑟王最高貴的圓桌武士之一，他最親近的朋友加溫結婚。聽到這個條件亞瑟王驚駭極了，這個巫婆駝背，醜陋不堪，只有一顆牙齒，身上發出臭水溝般難聞的氣味，而且經常製造出猥褻的聲音。

可以說，見多識廣的亞瑟從沒有見過如此醜陋不堪的怪物，他不忍心強迫自己的朋友娶這樣的女人，便拒絕了巫婆提出的條件。但他的朋友加溫卻對亞瑟說：「我同意和巫婆結婚，沒有比拯救亞瑟的生命和捍衛圓桌更重要的事情了。」

加溫和巫婆訂親後，巫婆回答了亞瑟的問題：女人真正想要的是主宰自己的命運。

這個答案讓所有的人都點頭稱是，因為巫婆說出了一個偉大的真理，於是，鄰國的君主放了亞瑟王，並給了他永遠的自由。但是，事情遠沒有結束，加溫仍然要和醜陋的巫婆結婚。他一如既往的謙和，而巫婆卻在慶典上表現出她最壞的行為：用手抓東西吃，打嗝、放屁，讓所有參加婚禮的人都感到非常噁心。

新婚之夜對於加溫來說應該是最難熬的，但他依然選擇了面對，並勇敢地走進新房。

令人不可思議的是，新房裡的女人卻不是醜陋的巫婆，出現在加溫面前的是一個他從沒見過的美麗少女，她半躺在婚床上，對他微笑。加溫嚇呆了，問究竟是怎麼回事。

美女回答：「加溫，我就是那個巫婆。既然你不嫌棄我的醜陋，那麼我就應該對你好些。在一天的時間裡，一半是我可怕的一面，另一半是我美麗的一面。那麼，加溫，你想要我美麗的一面在何時出現呢？」

對任何一個男人來說，這都是一個令人糾結的難題：如果在白天向朋友們展現一個美麗的女人，那麼夜晚他自己將面對一個又老又醜如幽靈般的巫婆；如果在晚上自己選擇一個美麗的女人共度良宵，那白天他只能帶一個醜陋的妻子出現在眾人面前。

對於這個兩難的問題，加溫最後選擇了第三種答案，他對妻子說：「既然女人最想要的是主宰自己的命運，那麼這個問題就由妳自己決定吧。」

女人當然希望自己無論何時都是美麗的，於是巫婆選擇白天夜晚都是美麗的女人。加溫因此得到了一個美麗的新娘，巫婆因此主宰並改變了自己的命運。

在很多時候，人們都認為自己的命運是由別人和外物所控制的，於是便放棄了主宰自己的權利。我們當然不能像巫婆那樣擁有瞬間令自己變美的法力，對於命運的主宰更是需要莫大的勇氣和努力。不要等別人去安排你的人生，也許他們會很忙，而且未必就能安排得好。你終究是屬於自己的，沒有人可以真正對你的人生負全責，哪怕你最愛和最愛你的人也不行。

所以，如果你想過好自己的人生，那就要學會主宰自己的命運，即使它會讓你失敗，那也是屬於你自己的人生。這樣，當你生命將盡時才不會後悔，因為你擁有了屬於自己的命運。你不需要問自己是誰，未來會怎樣，你是你自己的，這一切自己決定就好。

無臂畫家杜茲納在一次宴會上拜法國著名畫家紀雷為師的場面，讓在場的所有人都很震驚。身材矮小又失去雙臂的杜茲納很有禮貌地走向紀雷，然後深深鞠躬，他請求紀雷收他為徒。看到一個連手都沒有的人來拜自己為師，紀雷委婉地拒絕了。

但是杜茲納不灰心，他對紀雷說：「我雖然沒有雙手，但我有雙腳。」他讓主人拿來紙和筆，自己坐在地上用腳趾夾著筆認真作畫，令人驚奇的是，他畫得很好，可見他對此下過一番苦功。這讓所有在場的人都肅然起敬，紀雷看到後也非常高興，毫不猶豫地收下了這個徒弟。

從那以後，杜茲納更加用功，幾年之後便已經是聞名天下的無臂畫家了。

之所以有好的命運和壞的命運之分，是因為人對命運做了不同的詮釋和把握，正如拿破崙所言：「我成功，是因為我志在成功。」透過杜茲納的故事我們不難發現，不管我們的命運多麼的不幸，但每個人的世界都是掌控在自己手裡的，即使你沒有雙手也是一樣。因為你就是自己的命運，所以你要相信自己，然後充分認識自己，發揮自己的潛能，很快你就會發現自己已經具備了贏得精彩世界和完美人生的好運。

法則58．改變命運從改造自己開始

小的時候我們以為自己可以改變整個世界，長大之後卻發現自己根本無能為力。是什麼讓我們的思想變得如此僵化和頹廢呢？我們的人生真的就已成定局無法改變了嗎？當然不是！如果我們覺得自己的命運並不像自己想像的那樣好，還需要做一些改變，那麼唯一的方法是先改變自己。只有你自己改變和提升，你的世界才可能改變。

命運是掌握在我們自己手中的，這一點毋庸置疑。但是做為命運的主宰，很多人卻似乎過於懶惰和隨波逐流了一點，但是如果我們保持現狀，勢必會將自己的運氣用光。想要改變這種狀態就要先從改變自己開始。你會發現，對自我的改造可能是你人生當中最有趣、最神奇和最自在的事情，當你嘗試一種新的理念，用新的思想去開始新的生活時，你很有可能就此超越過去，成就新的自我。

霍桑一直都希望自己可以考上大學，因為這是自己父母的期望。然而，他從小到大都不是一個聰明的孩子，甚至可以說他的智商偏低。儘管他用了大量的精力和時間去學習，但是他的各科成績依然還是都不及格。幾乎所有認識霍桑的人都認定，他一定是考不上大學的。

大家的想法應驗了，霍桑不僅沒有考上大學，甚至在考試之前就輟學了，因為學習對霍桑來說實在是太難的一件事了。霍桑對此一直很愧疚，這讓他生活在憂鬱之中，覺得自己的父母一定會因為自己沒能考上大學而非常失望。

儘管如此，生活還是要繼續的，為了生存，霍桑在輟學之後開始為一個富商打理他的私人花園。

工作之後的霍桑漸漸從憂鬱中走了出來，他明白自己不能一直這樣下去。他在心裡對自己說：「是的，我的確不夠聰明，可是我也不是癡呆兒。雖然我對自己的智商無可奈何，但是總有一些的東西是可以改變的。我到底能改變什麼呢？沒錯，我能變得不自卑，我能變得勇敢。還有，既然我已經註定天生愚鈍，那我為什麼還要承擔不幸所帶來的憂鬱呢？至少我可以讓自己活得快樂一些。」

經過這番思考之後，霍桑真的變了一個樣子，無論做任何事情，他總是能夠看到好的一面。

一天，霍桑進城去辦事，當他走到市政廳後面的時候，霍桑看到一位市政參議員正在跟別人說話，在距離參議員不遠處，有一片滿是污泥濁水的垃圾場。霍桑心想：「這不應該是一塊骯髒的垃圾場，它應該是上面開滿鮮花的草坪才對。」

於是，他勇敢地走上前去對參議員說：「先生您好，如果您不反對的話，我想把這個垃圾場改成花園。」

參議員看著霍桑禮貌地說：「你的建議非常好，但是你要清楚，市政廳是拿不出這樣一筆錢來讓你做這件事情的。」

「我不要錢，」霍桑笑著說，「你只要答應這件事由我辦就可以了。」

參議員感到非常吃驚，他以前可從來沒有碰到過這種事情，哪有做事不花成本的呢？但是，他從霍桑的眼裡看到了真誠，於是認真地聽取了他的想法，覺得霍桑的主意非常棒，於是答應了他的請求。

從第二天開始，霍桑便每天拿著工具，帶著種子和肥料來到這塊滿是爛泥的垃圾場，他非常有自信能讓這片污泥上開滿鮮花。

霍桑的舉動很快引起大家的關注，儘管人們覺得他的做法很傻，但還是不得不佩服他的自信和勇敢。沒過多久，就有一位熱心人給他送來了一批樹苗，他所工作的富商家允許他到自家的花圃剪玫瑰插枝。一家頗具規模的家具廠得知這一消息後，表示願意免費提供公園裡的長椅，只要霍桑允許他們在這些椅子上發布自己工廠的廣告。這是對雙方都有好處的事情，霍桑自然不會拒絕。

透過霍桑的努力，這塊泥濘的垃圾場竟然真的變成了一座漂亮的公園，那裡有綠草如茵的草坪，有曲曲折折的小徑，有開滿鮮花的玫瑰園，人們在長椅上坐下來，還可以聽到清脆的鳥鳴聲……

眼前的一切讓所有的市民都感嘆不已，大家都在說，有一個小夥子辦了一件了不起的大事。

這個小小的公園就像一個生動的展覽櫥窗，霍桑不需要說任何東西，就已經展現出自己在園藝方面的天賦和才能。

很多年過去了，霍桑成為全國知名的風景園藝家。雖然他沒有考上大學，卻從一件並不起眼的事情中發現了自身的價值，並且從中獲得了事業上的成功。霍桑年邁的父母為自己能有這樣一個優秀的兒子而感到無比驕傲，雖然他並沒有像他們所期望的那樣考上大學，但是他卻在自己的天地裡獨樹一幟，讓人們感受到了他的出色。

霍桑的智商無疑是很低的，可是智商的不足並沒有阻止霍桑的成功，他的成功來源於對自身的改變。霍桑調整了自己的心理狀態，然後樂觀認真地去過自己的人生，於是他的人生自然也樂觀認真地去對待他了。

我們經常在問自己，我究竟是怎樣一個人？我究竟能獲得怎樣的成就？為什麼我不能像別人那樣優秀？那是因為我們已經沉浸在現有的角色中無法自拔，我們為自己的生活設定限制和關卡，我們認定這就是自己，而不願意有所突破和改變。可是當我們用實際行動做出切實的改變，我們就會發現自己的命運不只如此。

法則59・做你能做和想做的事

寶石放錯了地方與石頭無異，很多人不成功，並不是因為他不夠優秀，而是沒有把自己的優秀用對地方。在這個世界上任何事情的成功都是有條件的，而先決的條件是，你能將這件事做好。

你是否每天都在無精打采地做著自己不喜歡的事情？你是否厭倦了目前所從事的工作或者自己的生活狀態？你是否覺得自己總是力不從心？因為各方面的原因，你不得不把自己現在的事情做好，所以費了好大的力氣才把該做的事情完成，但是這並不能帶給你任何成就感，對於你而言這些都只不過是一種謀生的手段而已。

現實生活中，我們常常是這樣，為自己不喜歡的工作浪費了大量的時間，但這些事情並沒有促成我們的飛躍，也沒能為我們帶來任何成就，我們除了能從中得到些許勞動的報酬之外，並沒有其他的好處。

曾經有一位還不錯的工程設計師就是這樣，他並不喜歡自己的工作，一直想要轉行，然而卻遲遲下不了決心。因為工程設計是他的專業，他已經學了二十幾年，而且這份工作他也可以勝任。如果突然換一份別的工作，他也許會無從下手，覺得很不適應。而且，他並不能保證能在換過工作之後就能做好。他只知道自己對目前的工作並不滿意，可是他又不知道什麼才是自己真正喜歡的。況且現在的這份工作關係到他的生計問題，不能為此而冒險。

每個人都會對未知的事情有所顧慮，尤其是當我們並不知道能做什麼、適合做什麼、做什麼可以讓我們開心的時候，就更是如此了。所以，我們一方面強調要改變自己的人生格局，另一方面還得知道自己究竟往哪裡改才合適。這方面如果我們自己都沒有把握的話，可以向專業人士去請教，這樣至少會讓你有一種被支援的感覺，不會在迷惘之中蹉跎歲月。

有一個大學生畢業後在一家出版社當編輯，編了幾本書，然而書的銷售迴響並不怎麼良好，發行量也只是勉強收回成本而已。而且在那個過程中，他籌畫了幾個月，先期也有了一些投入的幾個案子，因為合作不善最終導致流產。所以，原本話就不多的他變得越來越內向，不願意與人溝通，也變得不再相信別人，不管什麼事情都要親力親為。

而且他在一些具體工作的細節上，不管是對自己還是對其他人要求都非常嚴格，變得非常苛刻。結果搞得同事們都不願意跟他共事，主管對他的做法也不再認同。本來就很敏感的他，也知道是自己出了問題，但是卻無力解決，內心極其痛苦。

後來，朋友瞭解他的情況，建議他去找職業顧問聊一聊，或直接去看看心理醫生。內心敏感的他並不想讓別人覺得自己有病，但是對於職業顧問的建議他倒是願意接受，於是在一個週末的下午，他滿懷猶豫和不安找到了職業顧問。

職業顧問聽他說了兩三句話後，就對他下了一個評語：你不太相信別人，只相信自己。他愣住了，不明白職業顧問為什麼會在如此短的接觸後，就能一語道破天機，指出他的癥結所在。

接下來，職業顧問進一步為他做出了診斷並開出了「藥方」：你是一個完美主義者，對自己和他人都有很高的要求。當然你也是一個非常聰明的人，對人對事充滿了好奇心，具有非常好的創造性思維。所以，你不適合從事需要與很多人溝通合作的工作，你可以去嘗試一些獨立性比較強的職業，比如畫家、雕刻家、平面設計等等。尤其是平面設計，現在的社會需求很大，你可以用自己的業餘時間先去做些相關的培訓，看自己是否對此有興趣。

聽了職業顧問的一番話，他內心猶如被點亮了一盞明燈。其實，他很小的時候就對美術感與趣，非常有繪畫天賦，只是後來選擇了其他專業當上了編輯……

半年之後，他再次來到了職業顧問的工作室，這次的他簡直與之前判若兩人，笑容一直掛在他的臉上，他不停地講述著自己的成功。原來，自從半年前聽了職業顧問的一番精確分析後，他就辭職去了一家平面廣告設計公司。他先是自己摸索著掌握了電腦設計軟體的操作，憑著紮實的美術功底和苛求完美的精神，再加上工作十分認真負責，凡是他設計的廣告，都會受到客戶的稱讚。最近，他已經被升職為設計部主管了。所以，這次他特地跑來對給予過他幫助的職業顧問說聲謝謝。

每個人在追求成功的道路上所花的力氣是不一樣的，這取決於你是否把自己過人的才能用對了地方。我們必須先真正瞭解自己，認識自己真正的潛力所在，才能更好的掌握自己的命運。我們要相信自己的能力，但同時也要相信在這個世界上並不是所有的事情都是我們能夠做到的，別人可以辦到的你未必辦得到，相反，別人辦不到的，也許你可以做的很好。

與其將時間浪費在你不擅長和不熱愛的事情上增加自己的苦悶，不如正確認識自己，發現心底的渴求，而後去創造屬於自己的奇蹟。我們每天都有許多事情值得去做，但有一條原則不能變，那就是一定要做你真正想要做的事。

法則60・人生本身就是一種創造

你是自己生活的創造者，也是唯一可以對自己「作品」負責的人，如果想讓你的人生變得與眾不同，就要努力去創造。

人生本來就是一種創造的過程，所以我們不能讓自己沉浸在乏味無聊當中，我們想讓自己的人生變成什麼樣子，它就能變成什麼樣子。我們的人生是我們的作品，它需要我們展開想像，付諸行動，用心呵護。每個人都有創造自己人生的權利，而且只要你肯去想，就能讓它變成現實。所有的客觀條件都不能阻礙你，因為當你想要去創造一個全新的人生時，你就會給自己的人生找到了出路。

有一位成功的女性講述了她自己的故事：二十一歲時，我遇見一個男人，他問了我一個問題：「如果能做自己想做的事，妳想做什麼？」

回答這個問題不難：「我想回學校讀書。」但我懷疑自己有完成這個目標的能力，我曾經是個高中輟學生，還有藥癮，對我而言，這表示我永遠無法完成大學課程，更不用提拿到學位了。

但是這個男人對我的懷疑和恐懼一無所知，所以他開車載我到一所當地的社區大學，在停車場讓我下車，指著入學許可辦公室，告訴我，如果我走進那間辦公室，並填好表格，我就是一名大學生了。

我愣住了，我不認識這個人，以前我從未見過他，之後我再也沒有見過他。但是，我走進入學許可辦公室，並填好表格。我交了表格，然後回家。

當我填好表格時，我不知道自己要如何養活自己，或是要拿什麼來付學費和書費。我懷疑自己是否夠聰明，考試是否能夠及格，但是一旦我採取了第一個步驟，後續的步驟自然就定位了。

我找到一份有彈性的工作，可以配合學校的課程，而且我還找到一個負擔得起的住處。我學會使用像財務補助和當家教等資源，因此我能夠留在學校繼續讀書。我在課業上表現傑出，拿到三個獎學金，好幾次都登上榮譽榜。

這位女士的成功無非來自於她的敢想敢做，儘管她自己也曾有過諸多的顧慮，但是最後這些都被她一一克服了，於是她創造了自己的人生，造就一個完全不同的自己。

人生就是這樣一個創造的過程，有時候連我們自己都不知道它會變成一個什麼樣子，但是當我們擁有夢想，並且去付諸行動的時候，我們就讓它發生了改變。

在這個過程中，所有的困難都會為我們讓路。只要我們願意去做自己人生的雕塑師，我們總能為成功找到一條坦途。

至於怎麼創造，你也許可以試著這樣去做：想像自己擁有所有達成夢想的必要資源，金錢和時間並不是障礙，你會做什麼？把答案寫在一張紙上，不要對答案做任何批評或懷疑，問自己：「要讓這件事成真，我必須做些什麼？」

往目標的方向前進一小步，冒險也不會有什麼損失。你或許會發現自己以前從來都不知道的資源。或許在努力探尋目標的過程之中，你對自己目前所擁有的，以及自己需要些什麼來實現目標，會有更多的瞭解。

如果能做自己想做的事，你想做什麼？如果你能夠思考自己想做的事，如果你能夠夢想自己想做的事，你就可以讓它成真。只要你大膽地想像，並堅持不懈地努力，你就會更深刻地體會出意念的神奇力量，創造出屬於自己的快樂，最終讓自己擁有成功的人生，成為一個幸福的人。

法則61．擁有夢想並堅持夢想

夢想是一種最奇妙的力量，也是存在於宇宙之中最不可抗拒的力量。只要我們擁有夢想，我們就有動力讓自己展翅高飛。

在美國航太基地有一根巨大的圓柱，上面鐫刻著這樣的文字：「If you can dream it, you can do it.」這句話的意思是：「如果你能夠想到，你就一定能夠做到。」夢想就是我們人生的指引，因為我們想到了，所以我們就能夠將其實現。

夢想是人生中一筆珍貴的財富，在人生的前行中能產生無窮的動力。一旦你擁有了夢想的動力，你就在生命中插上了美麗的翅膀。它將帶著你展翅翱翔，創造屬於你自己的人生輝煌。而那些經常說「做不到」的人將永遠蜷縮在失敗的角落。夢想的衍生物就是希望，就是財富和成功。夢想有多重要，只有擁有它的人才能真正體會到。

吉米．馬歇爾是一位職業橄欖球運動員，他一度被視為職業橄欖球界中最難擊敗的人。因為在橄欖球運動的王國裡，一個人一旦到了三十歲，就已經會被人們視為「老年人」了，而吉米直到四十二歲時還擔任橄欖球手。

從吉米正式成為橄欖球運動員的那一刻起，一共經歷了282場比賽，而這282場比賽從未失敗過。著名的橄欖球四分衛佛朗．塔肯頓說吉米是「在任何運動中，我所認為的最有意思的運動員」。

當然，吉米的一生並不是一直一帆風順的，他也經歷過很多的災難，有些甚至讓他差點喪命。在一次大風雪的天氣裡，和他一起出遊的所有同伴都死了，只有吉米倖存了下來；吉米曾經得過兩次非常嚴重的肺炎；有一次在他擦槍時，因槍走火而受傷；吉米出過好幾次的車禍，也經歷過各種外科手術，但所有的這一切都沒有使他垮掉。

當人們問他是怎麼從死神那裡逃回來時，他只是輕描淡寫地說：「上帝不打算要我，因為我的那些夢想都還沒有完全實現。」

因為心中有夢想，所以可以去面對那些讓人絕望的災難；因為夢想還沒有實現，所以我們沒有權利放棄自己的人生。夢想所具有的份量和感召力是任何東西都不能取代的。人生因夢想而高飛，只要你敢於夢想，就能激發出自身最大的潛能。當你的潛能被開發出來，你的人生就必將朝著一個光明的道路邁進。

夢想對人如此重要，每個人都應該擁有屬於自己的夢想。除此之外，我們更要堅持自己的夢想，如果我們不去實現、不去行動，夢想永遠只能停在夢想中，不會對人生產生任何的價值。而如果我們按照自己的計畫一步一步地去行動，去實現，那麼夢想就會成為現實，成為我們人生中最高的獎賞。

約翰．高德小時候便是敢於夢想、敢於挑戰的人，他的夢想是做一個探險家。為了完成這一人生的理想，他在十五歲時便制訂了完成它的具體計畫。

約翰．高德將自己成為探險家應該做的事列在一張單子上，總共有127件。包括5分鐘跑完1英里、在海中潛水、探險尼羅河、攀登珠穆朗瑪峰、研究蘇丹的原始部落、環遊世界一周……

在約翰．高德中年時，他就成了最著名的探險家了。不僅如願以償地完成了自己的很多夢想，而且準備向更高的目標邁進。

約翰．高德無疑是一個擁有夢想的人，更加難能可貴的是，他不僅擁有夢想，而且堅持自己的夢想，朝著夢想做著不懈的努力。他人生當中的一切行為都是為完成自己的夢想而努力，而他的成功則是對他堅持夢想的最好回饋。正如丁尼生所說：「夢想只要能持久，就能成為現實。我們不就是生活在夢想中的嗎？」

正因為我們生活在夢想當中，夢想就是我們的生活，我們有必要讓自己生活得更好，所以我們必須努力去擁有更加美好的夢想，並盡一切努力去實現它。在想要放棄的時候再堅持一下，也許你很快就能看到夢想實現的曙光。

法則62．目標越具體實現越容易

歌德說：「生命裡最重要的事情是要有個遠大的目標，並藉才能與堅毅來達成它。」任何成功者都不可能是空洞的夢想者，他們憑藉有目標的夢想讓自我處於不滿足當中，並因不滿足而激勵自己加倍地努力奮鬥，最終達成了自己的夢想。

有句話說：「世界會向那些有目標和遠見的人讓路。」沒有目標的人就像沒有航向的遊輪，只能在無盡的大海中漂流，然後將生命的燃料消耗殆盡。如果沒有目標，沒有任何人能成功。所以先要明確你想去的地方，然後努力朝著它去邁進。

我們身在何處並不重要，重要的是我們朝著什麼方向走。只有目標正確，我們的人生才可能是正確的。所以，請給自己的人生一個目標吧！這是我們每個人都需要的。有目標的人才幸福，因為他們一生都在為某個目標而奮鬥，而目標的達成讓他們的人生更有意義。

這是來自哈佛大學的一項跟蹤調查，調查對象是一群各方面條件差不多的年輕人，透過他們來判斷目標對人生到底有怎樣的影響。結果顯示：3％的被調查者有清晰且長遠的目標，10％的被調查者有清晰的短期目標，60%的被調查者目標模糊，27%的被調查者沒有目標。

在25年之後，研究者再次找到那些被調查者，結果發現，在25年的時間裡，佔3%的被調查者幾乎都不曾更改自己的人生目標，他們懷著自己的夢想，朝一個方向不懈地努力著，而這些人幾乎都成了社會各界頂尖的成功人士；10%有清晰短期目標的被調查者，大都生活在社會的中上層，他們的那些短期目標不斷達成，自己也成為各個領域中不可或缺的專業人才；60%模糊目標的被調查者，大都生活在社會的中下層，他們可以安穩地生活，但一般沒有什麼特殊的才能和成績；另外27%沒有目標的被調查者，他們幾乎都在社會的最底層掙扎，經常失業，靠救濟生活，毫無幸福感可言。

毫無疑問，這項調查表現了目標對於一個人的人生是多麼的重要。為了能夠實現夢想，讓我們的人生變得更加卓越，我們必須盡量給自己一個明確的目標，同時朝那個目標不斷地努力，認真地去完成它。目標對一個人很重要，但完成目標的過程更加舉足輕重。我們不僅要有目標，更要像約翰·高德一樣，一步一步切實地去完成它，這樣我們的人生才可能是成功的。

我們必須清楚，僅僅有一個大目標，完成起來是非常費力的，如果我們能將自己的大目標分成一些具體的小目標，實現起來就非常的容易了，而這也有助於我們自信心的建立，讓我們有更多的信心和動力朝更高的目標邁進。

有一位年輕女孩，患有嚴重學校恐懼症，她為此十分自卑。因為她甚至連踏入大學校園都會害怕，但是她又想進入大學讀書。於是她下定決心要克服自己的恐懼，當然她明白這種自卑和恐懼不是一下子就能克服得了的。所以她決定不勉強自己，她上學的第一步不是走入教室而是開車進入校園，但不停車。當她開車走進校門的那一刻，她覺得自己棒極了，於是在回家的路上她買了一朵玫瑰獎勵自己。

第二步，她要求自己停車但不下車，當她可以大著膽子在校門口停車時，她再次感受到了成功的喜悅，於是她給自己做了一頓豐盛的晚餐做為獎勵。

第三步，她做到的是停車，然後下車。成功做到後，她同樣給了自己獎勵。

最後，她去修了一門課。她請來自己的父母和朋友幫她慶祝這一成功。

雖然整個過程花了她好幾個月的時間，但是最後她成功了。如果她在沒有讓自己做好準備之前就先去上課，那麼她可能在上課的第一天就會缺課。

目標的完成往往是由一些小步驟串連起來的，目標越具體，我們完成起來就越容易。例如，要拿大學文憑，一開始要先填申請表格，接下來要報名上課、參加考試、寫報告。其中一項或是多項步驟沒有做，就會讓你無法達到大學畢業的目標。但是我們大多只把文憑這個最後的結果當作成功，我們沒有把打電話、填表格、上課或讀書，當作是自己的功勞。完成大目標的第一步就是認真執行自己的具體目標，注意你要改變的每一個步驟，很快你就會發現，原來自己可以做得更多，你的目標就會一步步的實現。當它最終完成時，也就是我們的夢想實現的那一刻。

法則63．沒有誰是註定要失敗的

所有人都希望自己的人生是成功而圓滿的。但是，人生的起起落落和世事無常有時會讓我們變得自卑、退縮和妥協，生活自然也就很難如意了。其實，並沒有誰天生就註定是要失敗的，只是你給自己貼了失敗者的標籤而已。

每個人都應該有一種自信，那就是我們擁有跟其他人同樣的實力，只不過這種實力表現的方式是不同的而已。也許你不如別人聰明，沒有別人家境好，也沒有受過多麼好的教育，但是依然可以用自己的方式去選擇成功。

諾貝爾化學獎的獲得者奧托．瓦拉赫的人生就是這樣。小的時候，他選擇了文學做為他的發展方向，然而他的老師給他的評語卻是：難以造就的文學之才。

後來，他又把努力的方向指向了油畫，然而無論他怎麼努力，他的繪畫成績永遠都倒數第一。

瓦拉赫做了許多不同的嘗試，他的所有學科成績都不怎麼理想。除了他的化學老師之外，幾乎所有的老師都認為這個學生簡直「笨拙」到了極點。

沒錯，正是他的化學老師將他引領到化學研究之路，因為他發現這個「笨拙」的學生做事嚴謹踏實，具備了非常好的實驗素質。也正是這一條道路將瓦拉赫帶到了科學的最高領獎台，成為諾貝爾化學獎的獲得者。

即使我們在很多方面被認為是愚鈍的，但不代表我們註定失敗。我們只是選擇了一個錯誤的方向，沒有將自己的優勢發揮出來而已。就像瓦拉赫那樣，一旦我們發現了自己真實的價值，我們就能告別失敗走向成功。正如一位哲人所說：「失敗是什麼？沒有什麼，只是更走近成功一步；成功是什麼？就是走過了所有通向失敗的路，只剩下一條路，那就是成功的路。」

成功就是這樣，它不是某些人的專屬資產，任何人只要有決心有毅力肯努力，同樣都可以將它收入囊中，即使那些看上去有著巨大缺陷的人也同樣如此。在正常人看來是不可能的，也許會被一個非正常的人一舉拿下。湯姆．鄧蒲賽用自己的經歷為我們講述了將不可能變為可能的傳奇。

湯姆．鄧蒲賽天生殘疾，只有半隻腳掌和一隻畸形的右手。然而，父母沒有因此而對他特殊照顧，而是讓他像正常人一樣長大。任何其他男孩能做的事他也能做。童子軍行軍十里，湯姆也同樣走完十里。

後來，他迷上了踢橄欖球。在所有一起玩的男孩子中，他踢球踢得最遠。他參加了球隊的選拔測驗，並且得到了衝鋒隊的一份合約。

但是，教練看到他的身體狀況，就婉轉地告訴他並不具有做職業球員的條件，建議他向其他領域發展。幾經波折，最後他用自信和「一切皆有可能」的心態打動了新奧爾良聖徒球隊的教練。教練雖然仍心有疑慮，但答應給他一個機會。

兩週後，在一次友誼比賽中，湯姆踢出55碼遠的好成績。他用行動打消了教練心中的最後疑慮。從此，他真正成為了聖徒隊的一名職業球員，而在那一季的比賽中，他為自己的隊伍踢得了99分。

不久，屬於湯姆的最偉大的時刻到了。

球場上坐滿了6萬6千名球迷，他們全都屏息以待比賽最後的結果。距離比賽結束只剩下幾秒鐘，球隊也把球推進到45碼線上，然而，仍然有55碼遠才到得分線。誰能夠踢出最遠的一球來主導勝利呢？最後，教練大聲宣布「鄧蒲賽，進場。」

隊友們將球傳接得很好。接著，湯姆全力踢出去決定勝負的一球。球在空中筆直地前進，但是它能越過得分線嗎？

此時，球場上似乎連空氣都凝固了，所有的目光都注視著裁判的動作。終於，裁判舉起了雙手，表示得了3分。湯姆的球隊以19比17獲勝。霎時，場上掌聲雷動，球迷歡呼，隊員奔跑，為這踢得最遠的一球，為這踢得最精彩的一球。

而這一球本不可能被湯姆踢出，因為他只有半隻腳掌和一隻畸形的手，但是，一切皆有可能，湯姆踢出了他引以為傲的一球。

當旁人充滿驚奇和崇拜地叫著「真是難以相信」時，鄧蒲賽卻只是微笑。他想起了父母，一直以來，他們告訴他的是他能做什麼，而不是他不能做什麼。因此，湯姆也從不認為有什麼事情是不可能的。基於這樣的心態，他才創造出這麼了不起的紀錄。

鄧蒲賽的成功告訴我們，失敗和成功都不是被註定的，即使被剝奪了看起來是成功的必要因素，我們依然可以創造條件去完成夢想。

即使我們現在還在失敗裡打轉，我們也必須相信：任何失敗最終的結局都應該是成功的。如果我們還沒有看到成功，只能說明結局還沒有到來而已，只要我們繼續向前走，最後迎接我們的一定是成功。

法則64．你的價值就是你的人生價值

每一個人都有自己的人生價值，因為我們是這個世界上獨一無二的存在。即使現在一無所有，我們也應該堅持自己的主見、思想和精神，而這些都會產生價值。所以，我們沒有任何理由隨波逐流，聽憑命運的擺佈。

你的價值不是別人給的，而是你自己一點一滴累積的。一個人價值的高低也不是從所擁有的財富多寡來判斷的，即使你現在一無所有，也不代表以後不能富甲天下。但是如果你認定自己一文不值，那麼你就只能窮困潦倒下去，而如果你能重新認識自己，給自己一個更高的「價碼」，你便「高貴」起來。當你的內心開始「升值」，你的人生價值自然也會水漲船高。

在紐約的街頭，一個商人看到一個衣衫襤褸的推銷員在寒風中推銷尺，商人頓生一股憐憫之情。他停下來將1美元丟進賣尺人的盒子裡，正準備走開時覺得這樣不對，於是又停下來，從推銷員的盒子裡取了一把尺，並對賣尺的推銷員說：「我們都是商人，只是我們經營的商品不同。」

過了幾個月，在一個社交場合上，曾經賣尺的推銷員又與商人相遇了。不過這次他穿戴整齊，他向商人熱情地自我介紹：「您好，您可能已經記不得我了，可是我卻永遠忘不了您，是您給了我自尊和自信，讓我看到了自己的價值。在那之前我一直認為自己跟乞丐沒什麼兩樣，直到那天您從我那買了一把尺，並且說我是一個商人，我的人生便由此轉變了。」

推銷員在沒有遇到商人之前一直都把自己當作一個乞丐，那是因為他內心的自我否定和自我貶低造成的。幸好有了商人的提醒，讓他即時從這種自卑的困境中掙脫出來，否則他也許真的要淪為乞丐了。

其實每個人一開始都像一個乞丐，四處乞討，希望能夠獲得更多的財富、知識和愛。但是我們卻忽略了真正的財富之源在哪裡，那就是我們自身。我們自身所擁有的價值，比任何我們所要費盡心思去乞討的都要高得多，我們自己才是自己最大的寶藏。

曾經有這樣一個青年，他本是一所知名大學的畢業生，不僅學識淵博而且身體健壯。但他卻說自己窮困潦倒得連買一頂草帽的錢都沒有，要不是自己的父親每個星期給他二十美元做生活費，他一定會挨餓的。

這個青年人曾經也嘗試過許多事情，但是卻都宣告失敗。為此，他不相信自己的能力，也不相信自己能夠創造出多大的人生價值。他還認為自己所接受的教育就是一個失敗。每當他得到一份新的工作，他都覺得自己做不好，而且從不認為自己可以從中獲得成功。所以，他不停地換工作，不停地失敗，然後再換工作，結果什麼都沒有做成，年近三十還要靠父母的照應才能生活，他甚至覺得自己這輩子都要窮困潦倒下去了。

直到有一天他遇到一位靠白手起家的成功商人，他鼓起勇氣上前去問對方成功和致富的秘訣。

商人笑著說：「你想知道我是怎樣白手起家的嗎？其實很簡單，我並不是白手起家的，因為我本來就是個大富翁。」

「可是我明明聽說您曾經也很貧窮。」青年感到難以置信。

「不，你錯了。我很富有，而你也同樣具有這樣的財富。」商人淡淡地說道。

「怎麼可能？我明明是個窮光蛋。」青年開始自嘲。

「你不信？那我來指給你看，」商人說，「你有一雙眼睛對吧，現在你只要給我一隻，我就願意拿一袋金子跟你交換，怎麼樣？」

「那怎麼行，我不能失去我的眼睛！」青年激動地說。

「好，既然如此，那麼就把你的一雙手給我吧。只要你肯把它們給我，你想要什麼我都滿足你。」

「不行，我的雙手也不能失去！」青年更加激動。

「既然你有一雙眼睛，那麼你就能夠學習；既然你有一雙手，那麼你就能夠勞動。學習能讓你的內心富有，勞動能讓你的生活富有，你已經擁有了這麼多豐厚的財富，為什麼還覺得自己沒有價值呢？」富翁微笑道。

青年聽後恍然大悟。他謝過商人，昂首闊步地離開了，看他走路的那副自信，儼然自己也成了一位成功的富翁，因為他終於知道自己有多麼富有，而這些都是他創造自己人生價值和實現理想的本錢。

沒錯，這個世界上的任何人都是一個富翁，只是在很多時候我們不知道自己的價值在哪裡。我們希望自己的人生更有價值，卻不知道如何去創造它，並且認為自己不具備創造它的條件。其實這些條件上天早就已經給了我們，只是我們的眼睛只知道朝外看，沒有發現它們而已。現在想必你已經知道了自己的價值，而這也將成為你的人生價值。你原本就是富有的，所以完全沒有必要讓自己貧窮地度過一生。

每個人所擁有的價值都是無價的，我們要做的只是認清這個事實的真相，然後克服一切自輕自賤、自卑自慮的思想，最大限度地發揮自己的價值去實現自己的人生價值。

法則65．人生沒有絕境

這個世界上不存在絕境，上帝在關上一扇門的同時，總會為你打開一扇窗。所謂「絕處逢生」，就是在我們覺得「山窮水盡」的時候，一轉彎又看到了一處「柳暗花明」。所以，在任何時候我們都不應該放棄希望，因為天無絕人之路。

人的一生當中總是會遇到很多艱難險阻，很多時候我們都以為自己是跨不過去的，但是在經歷了最黑暗的歷程之後，我們終究能迎接到曙光。有句話說得好：「世上沒有絕望的處境，只有對處境絕望的人。」我們往往面對絕境先失掉了希望，才將自己逼上了絕路，其實那條路未必真的是絕路，只是我們內心的恐懼和絕望矇蔽了自己的雙眼而已。

格林是一家鐵路公司的調度人員，他工作認真而且做事負責。但是他卻有一個缺點，那就是他缺乏自信，並且對人生非常悲觀，經常以否定和懷疑的眼光去看世界，而這也將他逼上了人生的絕境。

有一天，公司的老闆過生日，職員們都趕去參加宴會，格林卻被關在一個待修的冷藏車裡。

這讓格林感到十分恐懼，因為冷藏車的溫度只有零度，這是冰點的溫度，任何一個正常人都不會在這種溫度下待過長時間。於是，格林在車廂裡拼命地敲打著、喊著，然而全公司的人都走了，根本沒有人聽得到他的喊聲。

格林的手掌敲得紅腫，喉嚨也叫得沙啞，卻沒有任何人去理睬他，最後他只好頹然地坐在地上喘息。格林越想越害怕，車廂的溫度只有零度，如果他今天晚上一直出不去的話，一定會被凍死在裡面的……

第二天一早，公司的職員陸陸續續來到公司。當他們打開冷藏車的車廂門時，赫然發現格林倒在地上，他們立刻將格林送去急救，但很可惜他已經死了。令大家驚訝的是，當時冷藏車壞掉正在等待維修，冷凍開關並沒有啟動，而巨大的車廂裡完全有足夠的氧氣，更令人費解的是，車廂裡面明明是十幾度，但格林居然被「凍」死了！

格林並非死於車廂內的「零度」，而是死於自己心中的冰點。他給自己判了死刑，把自己逼入了絕境，那又怎麼可能活得下去呢？

人生中有太多的「死刑」與「絕境」，只不過大部分都是自己給自己設定的，因為我們放棄了「生」的希望，只能迎接「死」的降臨。我們必須讓自己明白，人生的旅途中是沒有絕境的，即使身處黑暗當中，我們也不能被黑暗壓垮，只要放寬心境，再豁達一些，我們是能走出陰霾的。

有一個人在森林中趕路的時候，突然遇見了一隻饑餓的老虎，老虎大吼一聲就撲了上來。他拔腿就跑，但是老虎在後面緊追不捨。

他一直跑一直跑，最後被老虎逼到了懸崖邊上。望望懸崖的深度，又看看老虎，他想：「被老虎捉到，是死定了，而且還會受盡折磨，跳崖反而有一線生機。」

於是，他縱身跳了下去，非常幸運地掛在一棵梅子樹上，樹上結了不少梅子，看樣子已經熟了。他慶幸地想：「這下好了，只要我慢慢地爬下崖去，就安全了，而且還可以摘些梅子帶回家。」這時，他突然聽到身下傳來一聲巨吼，往下一望，才發現一隻獅子正如饑似渴地望著他。他苦笑了一下，自言自語地說：「被老虎吃也是吃，被獅子吃也是吃，況且現在我還在樹上，牠們誰也吃不到我，我還擔心什麼呢？」

就在放下心來的時候，他又聽見頭上傳來一陣異響，原來是兩隻老鼠在用掛著他的樹枝磨牙。他又是一陣驚慌，不過很快又安下心來，他想：「樹枝斷了，掉下去摔死，總比被獅子生吞活剝好。」平靜下來後，他覺得餓了，便伸手摘梅子吃，吃飽之後，他又想：「既然遲早都是死，不如在死前美美睡上一覺吧！」

等他從夢中醒來的時候，他發現老鼠、獅子和老虎都不見了，自己終於脫離了險境。原來就在他睡著的時候，老虎饑餓難耐，也從上面跳了下來，結果碰到了下面的獅子。為了爭奪對食物的所有權，獅子和老虎展開了激烈的搏鬥，牠們邊撕咬邊吼，嚇跑了老鼠，而牠們最後也雙雙負傷逃走了。

當所有人認為你已經不行的時候，只要你沒有放棄，那麼你就永遠不算失敗。因為是你自己給了自己機會，這個機會就是你「山窮水盡」和「柳暗花明」之間的轉捩點。

所謂「絕處逢生」，就是告訴我們，在任何時候都不能放棄希望，只要我們再樂觀一點，再堅持一下，我們就能從所謂的「絕境」中走出來。而如果我們灰心失望地放棄了，那麼我們也就真的被它打敗，成為一個徹頭徹尾的失敗者。

「苦難一經過去，苦難就變為甘美。」這句話不是只要聽聽就可以的，我們必須時時刻刻提醒自己、激勵自己，努力朝前走。

法則66．成功就在不遠處

我們奮鬥，我們拼搏，我們不惜一切代價向前衝，目的只有一個——成功。一個人想要爭氣，成功是一個必要條件。而且每個人都有能綻放自己光彩的能力，只不過這種能力需要透過我們自己的努力才能發揮作用。

成功的人生是每個人追求的目標，儘管每個人對成功的定義不同，但成功本身必定是可以讓人感到愉悅和滿足的，而這種對愉悅和滿足的追求，促使我們不斷向前。人應該是有所追求的，這是一個人的人生價值所在，而追求成功是每個人心理訴求。

為了滿足這一願望我們雖然付出了很多，也失去了很多，但是如果我們不想讓自己之前所做的努力付之東流的話，那就得繼續朝著夢想前行。當然，在這個過程當中，積極的心理暗示是必不可少的，你要時時刻刻告訴自己「我能成功」，那麼你就真的可以成功。

福勒出生在美國路易斯安那州的一個貧窮的黑人佃農家裡。他像大多數佃農的孩子一樣從很小的時候就開始工作，自己養活自己。不過，他有一位非同尋常的母親。母親常常和他一起談論夢想：「福勒，我們不應該生而貧窮。這不是上帝的安排，不是不可改變的，而是因為我們家庭中，從沒有人產生過致富的願望和出人頭地的想法。」

人，可以改變貧窮，改變命運。這個觀念深深地烙在了福勒的心裡，最終改變了他的一生。從此，福勒致富的願望就像天上的北斗星一樣，指引著他前進。為此，他走上經商的道路，並選定了經營肥皂。

他開始挨家挨戶地推銷肥皂，長達12年之久。後來，供應他貨源的那個肥皂公司因故以15萬美元的價格出售。福勒有心把公司收購過來，但他12年的全部積蓄只有2.5萬美元。經過福勒的多番努力，雙方達成了協定：福勒先交2.5萬美元的保證金，餘款需要在十天內付清，而保證金不退。

福勒四處籌錢，從朋友、從信貸公司、從投資集團……只要是能夠想到的貸款來源，他都努力去借。十天的時間很快就要過去，過了這個夜晚，便是約定好的付餘款的最後時限了，但福勒還差1萬美元。

深夜的時候，他在房間反覆思索。最後，他決定驅車走遍61號大街，不到最後絕不放棄。福勒驅車沿芝加哥61號大街駛去。終於，他看見一個承包商事務所亮著燈光。他走了進去，看見一個因熬夜而疲憊不堪的人坐在辦公桌後面。

「你想賺很多錢嗎？」福勒開門見山地問道。

那人點了點頭，說：「當然！」

「那麼，請你借1萬美元給我，當我歸還時，你將有很多很多的錢。」福勒對那個人說。

接著，他向這位承包商說明情況，並把其他借款給他的人的名單給他看。

那天夜裡，當福勒從這個事務所裡走出來的時候，口袋裡已經有了一張1萬美元的支票。

此後，他又獲得了其他7個公司的控制權，其中包括4個化妝品公司、一個襪類貿易公司、一個標籤公司和一個報館。當大家希望與他分享成功的秘訣時，他想起了多年前母親的話，他說：「我們會遭遇貧窮或者不幸，但這並不是上帝的意願，而是由於我們從來沒有產生過致富的願望。只有我們轉變觀念，堅信自己能夠成功，我們才能真正有所收穫。」

福勒無疑是成功的，他的夢想是追求財富，而最後他擁有了財富。雖然在這之前他曾經一無所有，但這並不影響他走向成功。

上天給每個人的境遇是不一樣的，家庭出身、教育背景、潛在能力，這些是我們無法把握的，但是無論我們命運一開始給了我們什麼，它都沒有說過我們不能從自己的起跑線衝向成功的終點。既然命運都沒有發話，你又有什麼理由停下腳步呢？我們應該感動於這個世界的神奇，上帝從來沒有拋棄過任何人，不論幸福與否，上帝都會恩賜他一個神奇的能力，一個追求美好生活的能力。

在這個世界上沒有任何人可以阻止我們追求幸福和成功的腳步，因為腳在你自己身上。如果我們夢想成功，成功永遠只會是個夢想。如果我們已經奔跑在追求成功的路上，那麼成功就在我們的不遠處。

國家圖書館出版品預行編目資料

爭氣勝過賭氣／唐心著.
－－第一版－－臺北市：宇河文化出版；
紅螞蟻圖書發行，2011.9
面　公分－－(Wisdom books；2)
ISBN 978-957-659-864-7（平裝）

1.生活指導

192.1　　100016253

Wisdom books 02

爭氣勝過賭氣

作　　者／唐心
美術構成／Chris' office
校　　對／鍾佳穎、楊安妮、賴依蓮
發 行 人／賴秀珍
總 編 輯／何南輝
出　　版／宇河文化出版有限公司
發　　行／紅螞蟻圖書有限公司
地　　址／台北市內湖區舊宗路二段121巷28號4F
網　　站／www.e-redant.com
郵撥帳號／1604621-1　紅螞蟻圖書有限公司
電　　話／(02)2795-3656（代表號）
傳　　真／(02)2795-4100
登 記 證／局版北市業字第1446號
法律顧問／許晏賓律師
印 刷 廠／卡樂彩色製版印刷有限公司
出版日期／2011年9月　第一版第一刷
　　　　　2015年8月　　　　第二刷

定價 260 元　港幣 87 元

ISBN　978-957-659-864-7　　Printed in Taiwan